Wolfram Hogrebe

PHILOSOPHISCHER
SURREALISMUS

I0225724

Akademie Verlag

ISBN 978-3-11-034209-3
eISBN 978-3-11-034845-3

Bibliografische Information der Deutschen Nationalbibliothek
Die Deutsche Nationalbibliothek verzeichnet diese Publikation in der Deutschen
Nationalbibliografie; detaillierte bibliografische Daten sind im Internet über
http://dnb.dnb.de abrufbar.

© 2014 Akademie Verlag GmbH
Ein Unternehmen von De Gruyter

Lektorat: Mischka Dammaschke
Einbandgestaltung: Petra Florath

Gedruckt auf säurefreiem Papier
Printed in Germany

www.degruyter.com

Inhaltsverzeichnis

Anhang

Vorwort
Wo steht die Philosophie heute?

Relevante Philosophie sei eine solche genannt, die sich an den Grenzen des Wissens aufhält und dennoch amüsiert.[1] Diese Grenzen sind solche einer Zeit und können sich daher im Laufe der Geschichte als instabil erweisen. Damit ist die Grenzposition relevanter Philosophie aber nicht tangiert. Auch ist diese Grenzposition kein Dementi der Geschichte der Philosophie. Warum nicht? Einfach deshalb nicht, weil die Geschichte des Denkens kritische Potentiale bereithält, die noch nicht rezipiert oder verstanden sind. Es fällt uns immer noch schwer, gerade die Geschichte der Philosophie in ihrer Eigenart zu begreifen. Auf der einen Seite bietet sie Pfade des Denkens, die rekonstruiert sein wollen, um die Genese philosophischer Entwicklungen plausibel zu machen. Auf der anderen Seite bietet sie Gedanken, die einer Vergegenwärtigung bedürfen, um ihre bis dato unüberholte, weil unbekannte Bedeutung sicherzustellen. Was die Gegenwart befruchten kann, sollte nicht dem Vergessen anheimfallen.

---

[1] Das scheint eine in sich unverträgliche Kennzeichnung zu sein. Ohne die Spannung, die tatsächlich in ihr liegt, zu leugnen, ist sie dennoch antiken Ursprungs. An der prominentesten Stelle Platons zeigt sich genau dies: In der Vorstellung des Sonngleichnisses (*Pol.* 509b/c) handelt er von der Surrealität (ἐπέκεινα τῆς οὐσίας) der Idee des Guten und fängt eben diese in der Dialogregie sofort im Amüsement (μάλα γελοίως) Glaukons auf.

Dieses Vergessen ist jedoch der Geschichte des Denkens leider selbst immanent. Was vordem gedacht wurde, kann über Jahrhunderte in einer Latenz verbleiben, bis es plötzlich wieder erinnert wird, um eine ungeahnte Wirksamkeit zu entfalten. Aber diese Latenz beginnt schon in der jeweiligen Gegenwart der Philosophie. Auch sie wird in ihrer globalen Auffächerung kaum je komplett registriert und es bedarf hier gewiß nicht der Entschuldigung, daß dies die zeitgenössischen Rezipienten in dem ihnen zugemuteten Lektürepensum auch überfordert. Gelesen wird immer nur individuell, gedacht und nachgedacht ebenso, trotz aller befruchtenden Gespräche. Die Wirkungsgeschichte eines Denkens indes entwickelt sich immer nur arbeitsteilig. Das wissen die *worksmen on the spot*, d. h. die armen Denker vor ihren Texten, sehr wohl. Ihr Trost ist ambivalent: der bestirnte Himmel über ihnen und der unfertige Text vor ihnen.

Deshalb versucht ein jeder *für sich* die Übersicht zu behalten, selbst wenn er a priori weiß, daß ihm Wichtiges entgehen wird. Jeder versucht sich ein Bild von dem kompletten Kontext zu machen, in dem er denkt und schreibt. Aber es bleibt natürlich stets bei perspektivischen Verkürzungen.

Wenn man für unsere Zeit die geforderte Grenzposition relevanter Philosophie überschlägt, wird man sagen dürfen, daß sie jedenfalls überall da gefunden wird, wo sie die ironische Grundform erfüllt. Sie muß jedenfalls eine nervtötende Ernsthaftigkeit meiden, vor allem auch sich selbst zur Disposition stellen. Die ironische Grundform lautet z. B.:

p, nicht wahr?
p, isn't it?
p, n'est-ce pas?

Behauptungen gleich welcher Art (p) sollten von einem Philosophen so aufgenommen und präsentiert werden.

Ironie relativiert, aber dementiert nicht. Nur dann, wenn ein Philosoph das begriffen hat, erfüllt er die sokratische Grundtugend der Philosophie, sich jedem Wissensstolz zu entziehen und zum Gespräch einzuladen. Die Philosophie war von ihren Anfängen an von einer doktrinalen *façon* weit entfernt, jedenfalls soweit sie in urbanen Verhältnissen startete. Selbst Aristoteles nennt das, was wir heute als Metaphysik bezeichnen, eine bloß *gesuchte* Wissenschaft. Was über bloße Meinungen hinausgeht, wird gesucht. Das Hinausgehende betrifft aber stets Basisverhältnisse, ist daher *gründend*, aber deshalb auch mehr als das Seiende, ist also ein ὕπερον, d. h. ein Surreales. Die Philosophie ist daher aus dem Milieu eines *heuristischen Surrealismus* geboren, das sollte sie nicht vergessen.

Denker, die diesen ironischen Tenor in unsere Zeit weitergetragen haben, waren u. a. Hans Blumenberg (1920–1996), Richard Rorty (1931–2007) und ist heute noch Odo Marquard (geb. 1928) oder auch Jonathan Lear, Philosoph in Chicago. Alle sind zugleich Theoretiker einer Ironie, als Basis philosophischen Denkens, alle sind einem doktrinären Denken und sei es dem der analytischen Philosophie jedenfalls abhold.[2]

Wenn auch die ironische Grundattitüde fehlt, so ist es doch Graham Priest[3], der am weitesten über die bis dato geltenden Grenzen des Denkens hinausgedacht hat, in-

---

[2] Cf. Richard Rorty, *Contingency, Irony, and Solidarity*, Cambridge 1989; dt. Frankfurt/M., 1991. Jonathan Lear, *A Case for Irony*, Harvard 2011. Auf Lear hat mich Markus Gabriel aufmerksam gemacht.

[3] Cf. Graham Priest, *Beyond the Limits of Thought*, Oxford 2002². Für eine kompakte Zusammenfassung seines Denkens cf. seinen Artikel *Paraconsistent Logic* in der *Stanford Encyclopedia of Philosophy* (Revision vom 5. April 2013 im Internet).

dem er das Prinzip *ex falso* oder *ex contradictione quod-libet* nur in einem eingeschränkten Sinne als gültig erwiesen hat. Damit wurden Widersprüche für unser Denken salonfähig, nicht in dem Sinne, daß wir flagrante Widersprüche nicht meiden sollten, sondern in dem Sinne, daß sie nicht per se von Übel sind, wie z. B. in heuristischen Diskursen.[4] Wenn wir nicht sicher sind, welcher Satz, p oder non-p, wahr ist, sollten wir beide stehen lassen, um uns keinen Weg der Nachforschung zu versperren. Natürlich ist die These einer ‚dialetheistisch‘ genannten Position, die von ‚wahren‘ Widersprüchen ausgeht, wesentlich stärker, aber eine heuristisch empfohlene Hinnahme von Widersprüchen ist zunächst einmal auch für den Alltagsverstand plausibel, der sich in unübersichtlichen Situationen sagt: Rechne auch mit dem Gegenteil!

Der von Priest in ausgreifenden Analysen vollzogene Ausritt in paradoxes Gelände ist inzwischen unter Beiziehung anderer Denker wie Frederic Fitch, Gregory Chaitin, Thomas Williamson u. a. durch Joachim Bromand einer Prüfung unterzogen worden mit dem Ergebnis, daß es bislang jedenfalls nicht gelungen ist, definitive Wissensgrenzen auszumitteln: „Somit gibt es zwar *Tatsachen*, von denen wir nicht wissen können, dennoch gelingt es den hier analysierten Argumenten nicht, *Fragen* aufzuzeigen, zu denen es *Antworten* gibt, die wir aber nicht auffinden können.“[5] Meist ist es so, daß scheinbare Fragen schlicht deshalb keine Antworten haben, weil es keine gibt.

---

4   Darauf hatte seinerzeit auch schon Nicholas Rescher hingewiesen. Cf. ders., *Rationalität. Eine philosophische Untersuchung über das Wesen und die Begründung der Vernunft*, Würzburg 1993.

5   Joachim Bromand, *Grenzen des Wissens*, Paderborn 2009, p. 236 (Hervorhebungen von mir).

Da auch in der Philosophie häufig Ausführungen und Behauptungen vorkommen, die mit vagem Vokabular operieren, das häufig sogar künstlich eingeführt werden muß, schmilzen auch hier die Wahrheitswerte wie die Uhren auf den Bildern von Salvador Dalí, so daß die Grenzen zu fiktionalen Texten fraglich werden. Solche Sätze der Philosophie haben zwar Sinn und Bedeutung, aber sie entsprechen nicht mehr so etwas wie Tatsachen. Man sollte wohl befürchten, daß gerade die Schlüsseltermini des Vokabulars der Philosophie seit der Antike in diesen Verdacht der Fiktionalität geraten können. Vielleicht ist das aber auch nur ein Fingerzeig dafür, daß unser Umgang mit diesem Vokabular nicht der nämliche ist wie in deskriptiven oder sonstigen konstativen Kontexten. Dann allerdings könnte dieser Verdacht gegenstandslos werden, sofern man zeigen kann, daß Vagheit mit Wahrheitswerten in *statu nascendi* verträglich ist. Anders gesagt: Die fragliche Semantik des philosophischen Vokabulars muß mehr leisten als eine Tatsachenentsprechung, ganz einfach deshalb, weil es ohne dieses Vokabular weder Tatsachen noch Entsprechungen gäbe. Das Vokabular der Philosophie ist *kreativ*, aber eben deshalb nicht schon *fiktiv*. Um damit in rechter Weise umzugehen, ist die Dialektik erfunden worden.

Hier bedarf es dringend einer historisch belehrten, aber dann wesentlich logischen Revision, um den Anschluß an eine Denkform nicht zu verlieren, die uns allein vor dem Verlust des Vokabulars der Philosophie retten könnte. Hier steht allerdings Hilfe ins Haus. Guido Kreis arbeitet an einer Neufassung der Dialektik, die den rettenden Impuls weiterträgt. Er arbeitet sein Konzept einer neuen Dialektik am Begriff des Unendlichen aus, ein Begriff, der seit je zur Hälfte unter Fiktionsverdacht stand und steht. Auch hier geht es um die Existenz ,wahrer Wi-

dersprüche', aber erst nachdem Kants Projekt einer ‚limi-
tativen Dialektik' von Kreis einer präzisierenden Neube-
trachtung unterzogen wurde.

Kreis interpretiert Kants anthropologisch immer noch
interessante Feststellung, daß die antinomische Struktur
der Vernunft als eine ‚natürliche und unvermeidliche Illusion'[6] angesehen werden müsse, in einiger Zuspitzung durch
die Festlegung: ‚Aussagen über empirisch prinzipiell uner-
kennbare Gegenstände können objektiv gültig sein'.[7] Das
ist die steile These eines ‚transzendentalen Realismus', die
allerdings, wie Kreis zeigt, einer kritischen Prüfung nicht
standhält und aufgegeben werden muß, so daß man mit
ihm zu dem Befund kommt, daß „es Kant nicht gelungen
ist, den (...) behaupteten schwerwiegenden Widerspruch
im menschlichen Denken tatsächlich zu etablieren."[8] Aber
auch das ist natürlich nicht das letzte Wort.

Die Einbeziehung von Hegels Dialektik und die Paradoxien des Unendlichen bei Cantor stehen noch aus
und bringen Licht in eine Neufassung einer Dialektik für
unsere Zeit, die geschmeidig genug ist, um der Phantasie den Raum zu geben, den sie anteilig im Selbstaufbau
der rationalen Architektur des Menschen auch benötigt
und hat. Parakonsistenz ist jedenfalls die moderne Lizenz
für Grenzüberschreitungen bislang ungeahnter Art. Hier
steht die Philosophie heute, d. h. im Parakonsistenten,
der modernen Form eines *logischen Surrealismus*.[9]

---

[6] *KrV* A 298/B 354.
[7] Guido Kreis, *Negative Dialektik des Unendlichen*, [Manu-
     skript] p. 31.
[8] *Negative Dialektik*, op. cit., p. 54.
[9] Auf dem Boden eines solchen logischen Surrealismus sind
     die bemerkenswerten Versuche der Interpretationsphiloso-

Vor diesem Hintergrund werde ich mich im Folgenden auf das Wagnis einlassen, aus der Erbschaft des Neuplatonismus mit einiger Robustheit Kapital für die These zu schlagen, daß die Möglichkeit des Surrealismus in einem philosophischen Subtraktionsprinzip wurzelt (ἄφελε πάντα), das einen extremen Rückgang aus Weltverhältnissen erzwingt, um in einem zweiten Schritt die Reichweite und damit Stärke der Vernunft abschätzen zu können. Nach dieser Hinführung in die Region des Überseienden, des Surrealen, werde ich mich auf eine Skizze des historisch überkommenen ästhetischen Surrealismus einlassen, soweit er sich begrifflich artikuliert hat, um anschließend einen Denker namhaft zu machen, der wie kein zweiter den Intentionen eines philosophischen Surrealismus schon im 9. Jahrhundert zugearbeitet hat, nämlich Eriugena.

Daran anschließend ziehe ich einen Text heran, der erst spät wirksam wurde, aber in seiner enigmatischen Eigen-

---

phie unserer Zeit überhaupt möglich gewesen. Die Denker dieser Konzeptionen stehen soweit ‚außerhalb‘, daß ihnen geradezu schwindelig werden müßte, wenn sie die Erdung in den von ihnen thematisierten Interpretationskonstrukten verlören. Cf. hierzu Günter Abel, *Interpretationswelten. Gegenwartsphilosophie jenseits von Essentialismus und Relativismus*, Frankfurt/M. 1993. Ferner: Hans Lenk, *Interpretationskonstrukte. Zur Kritik der interpretatorischen Vernunft*, Frankfurt/M. 1993. Cf. hier p. 307: „Philosophie scheint ein unmögliches Geschäft: das Unsagbare zu sagen, das Nichtbezeichnbare mit Zeichen zu bezeichnen, das von allen Interpretationen Unabhängige dennoch in interpretativen Formen zu deuten, das Nichtdenkbare, Nochnichtdenkbare zu denken.“ Genau das ist das Programm eines philosophischen Surrealismus, er hätte dem Titel nach schon in diesen Konzeptionen geboren werden müssen. Allerdings: Ohne eine neue Metaphysik geht das nicht.

art immer Pol der Inspiration für Denker und Künstler wurde, und das ist der *Sohar*. Abschließend gebe ich einem Philosophen des 20. Jahrhunderts das Wort, der als junger Denker in unerhört mutiger Weise einem *semantischen Surrealismus* nachgegangen ist, einer Konzeption, die in ihrer spekulativen Kraft leider zu Unrecht vergessen worden ist. Ich meine hier Josef König.

Mit diesem Buch bringe ich eine philosophische Tetralogie zum Abschluß. Die Zusammengehörigkeit der Bücher bezeugt zuerst der Einband, den Petra Florath/Berlin gestaltet hat. Die inhaltliche Zusammengehörigkeit bleibt der Lektüre überlassen. Die Bände ‚*Riskante Lebensnähe. Die szenische Existenz des Menschen*‘ (2009), ‚*Der implizite Mensch*‘ (2013), ‚*Metaphysik und Mantik*‘ (2. verbesserte Auflage 2013) und jetzt ‚*Philosophischer Surrealismus*‘ (2014) umfassen die Disziplinen der Philosophie im Fokus der Abschlußfrage, wie Kant sie vorgegeben hat: Was ist der Mensch? Die Tetralogie ist daher letztlich eine anthropologische und darin notgedrungen eine metaphysische.

Zu danken ist meinem ehemaligen Mitarbeiter Jaroslaw Bledowski M. A., meiner ehemaligen Sekretärin Ellen Kauert und den Mitdenkern Ingo Meyer/Bielfeld und Jens Halfwassen/Heidelberg. Und wie immer: Dr. Mischka Dammaschke vom Akademie-Verlag/Berlin und schließlich Frau Dr. Gertrud Grünkorn vom Verlag De Gruyter/Berlin.

Meine akademische Tätigkeit als Professor für Philosophie an einer Universität ist damit beendet. Gedacht wird auch außerhalb einer Universität.

Bonn, im Herbst 2013

Wolfram Hogrebe

I. Perspektiven eines philosophischen Surrealismus

Nähe und Ferne beeinflussen zweifellos unsere Wahrnehmung. Zu vermuten steht, daß eine solche Beeinflussung im übertragenen Sinn auch für unser Denken gilt. Dafür sprechen jedenfalls folgende Trivialitäten. Wer Übersichten gewinnen will, benötigt ja eine gewisse Distanz. Wer Details studieren möchte, muß dagegen sehr nahe an etwas herangehen. Wer Kontexte registrieren möchte, benötigt schmelzende Konturen in der Dämmerung. Wer scharfe Kontraste zu untersuchen beabsichtigt, braucht helles Licht. Solche Lichtverhältnisse sind also auch für Philosophen von Belang, gerade dann, wenn sie an Einsichten in die Reichweiten unseres Erkennens interessiert sind. Einen solchen Versuch möchte ich hier in Angriff nehmen, historisch angeleitet, aber systematisch ambitioniert.

In einem *ersten* Schritt lasse ich mich von Thomas Hobbes an die Hand nehmen, um Distanzverhältnisse erkenntnistheoretisch lesen zu können. In einem *zweiten* Schritt wage ich einen Sprung in ultimative Regionen des nicht mehr Denkbaren unter Anleitung Plotins, um surreale Zonen im Rücken der Metaphysik zu erreichen, die wir zwar nicht eigentlich mehr denkend erfassen können, die wir für eine Selbstaufklärung unserer Herkünfte aber sehr wohl benötigen. In einem *dritten* Schritt riskiere ich mit Schelling einen abenteuerlichen Blick auf die Genese eines geltungsfähigen Wesens, das wir als Homo sapiens immer noch nur unzureichend kennen. Am Ende biete ich *viertens* einen abschließenden Blick auf die unterschiedlichen Konzeptionen von Hegel und Schelling im Abgleich mit Aristoteles. Dem Ehrgeiz eines solchen völlig überfrachteten Unternehmens entspricht auf wenig berückende Weise die Gebrechlichkeit dessen, der es vorstellig zu machen sich hier in spekulativer Frivolität anschickt.

1. Schritt: Nähe und Ferne

In seinem Werk *De Corpore* (1655) beginnt Thomas Hobbes mit der Feststellung, daß die Methode von Wissenschaft (seinerzeit noch identisch mit Philosophie) im Wesentlichen auf Prozesse verläßlichen Schließens zurückgehe. So liefern für ihn Sinneswahrnehmungen und Erinnerungen zwar auch Erkenntnisse, doch diese sind eben noch nicht Wissenschaft im prägnanten Sinne. Denn über diese Art situationsabhängiger Erkenntnis verfügen auch Tiere, die Menschen ja auch sind, „da die Natur sie auf der Stelle gibt (datae sunt statim a natura).“[10]

Auch unsere Erwartungen an Zukünftiges im Lichte schon bekannter Ähnlichkeiten bietet in diesem Sinne ebenfalls situationsabhängige Erkenntnisse, aber noch nicht Wissenschaft. Unsere primären Orientierungen in Vergangenheit, Gegenwart und Zukunft sind daher schon naturgegeben, mithin noch nicht eigentlich intelligente Leistungen.

Erst Schließen macht uns situationsunabhängig. Erst hier erreichen wir eine Erkenntnisform, die über das hinausgeht, was uns die Natur ‚auf der Stelle gibt‘. Unsere Intelligenz beweist sich erst im Schließen, und Schließen, so Hobbes, ist eine Form des Berechnens, denn Folgern

---

[10] Thomas Hobbes, *Elemente der Philosophie. Erste Abteilung: Der Körper*, trad. et ed. Karl Schumann, Hamburg 1997, p. 17.

ist nichts anderes als ein additives und subtraktives Verfahren. Hobbes gründet die Domäne von Wissenschaft und Philosophie also auf dem Boden situationsunabhängiger intelligenter Leistungen, näherhin auf dem Boden eines Inferentialismus, der von ihm mit einem Komputabilismus identifiziert wird. Denken und Berechnen sind dasselbe: *reasoning is computation*.

Das gilt auch schon für unsere vorsprachlichen Identifikationsbemühungen: immer dann jedenfalls, wenn wir „im Geiste und ohne Worte im stillen Denken schlußfolgernd (animi ratiocinatio sine vocibus)"[11] vorgehen und per Addition und Subtraktion identifizieren. Hobbes geht also in etwas exotischer Weise nicht davon aus, daß Addition und Subtraktion nur bei Zahlen vorkommen: „Vielmehr können auch Größen, Körper, Bewegungen, Zeiten, Qualitätsabstufungen, Handlungen, Begriffe, Proportionen, Reden, Namen (und darin sind alle Zweige der Philosophie inbegriffen) zu ihresgleichen hinzugesetzt oder davon weggenommen werden."[12]

Wie weit diese These reicht, wie belastbar sie in dieser Fassung ist, welchen Einfluß sie insbesondere auf Leibniz hatte, so daß beide als Propheten der sog. *Artificial Intelligence* gefeiert werden konnten[13], soll uns hier nicht interessieren. Vielmehr möchte ich hier das Augenmerk auf ein Beispiel lenken, mit dessen Hilfe Hobbes seine These gleich anschließend plausibel[14] machen möchte.

---

[11] Ibid.

[12] Thomas Hobbes, op. cit., p. 18.

[13] Cf. u. a. John Haugeland, *Artificial Intelligence: The very Idea*, Cambridge (MIT-Press) 1985, p. 23.

[14] Das allerdings setzt sich Hobbes zum Ziel, mehr nicht. Stringent will er jedenfalls sein, elegant nicht. „Zumal die

„Sieht also jemand etwas undeutlich in der Ferne, so
hat er, auch wenn es noch keinen Namen zuerteilt bekommen hat, doch eine solche Vorstellung davon, daß er
aufgrund ihrer, wenn es jetzt einen Namen zuerteilt be-
kommt, sagt, das Ding sei ‚ein Körper‘.“[15]

Geht er näher heran, kann er das Ding auch ‚belebt‘ nennen, wenn noch näher vielleicht sogar als ‚vernunftbe-
gabt‘. „Faßt er endlich das ganze Ding, das er nun vollständig und nach all seinen Unterschieden gesehen hat, als
Einheit“, dann gewinnt er den „einen Namen ‚vernunft-
begabter belebter Körper‘ oder ‚Mensch‘“: „So wird also
deutlich, wie der Geist seine Begriffe zusammensetzt.“[16]
    Um das gegenläufige Verfahren des begrifflichen Sub-
trahierens zu verdeutlichen, läßt Hobbes den bemühten
Beobachter sich von dem Ding wieder entfernen. Was
er im Zugang zuletzt gewann, das Prädikat ‚vernunftbe-
gabt‘, geht in der Abstandnahme als erstes wieder verloren, „bis schließlich, wenn er [der Körper, W. H.] wegen

---

wahre (also strenge) Philosophie nicht nur jeden falschen
Putz, sondern auch so gut wie allen echten Redeschmuck
vorsätzlich von sich weist und die ersten Grundlagen einer
jeden Wissenschaft nicht nur nicht gerade bezaubernd sind,
sondern sich sogar unansehnlich, dürftig und fast mißgestal-
tet ausnehmen.“ (op. cit., p. 16) Diese Bemerkung – gegen
das Dekorbemühen humanistischer Zeitgenossen gerichtet – ist von späteren Philosophen als Lizenz für schlechtes
Schreiben mißbraucht worden. Das geschah immer wieder,
auch in der Zeit nach Kant „entstand bei uns der Aberglau-
be, daß man kein Philosoph sei, wenn man gut schriebe“.
(Heinrich Heine, *Über Religion und Philosophie in Deutschland* (1835), in: ders., *Sämtliche Schriften*, ed. Klaus Briegleb,
München 1968–1976, Bd. 3, p. 597)

[15] Thomas Hobbes, op. cit., p. 17.
[16] Thomas Hobbes, op. cit., p. 18.

seiner Entfernung nicht länger gesehen werden kann, die gesamte Vorstellung aus den Augen verschwindet."[17] Mit diesem Beispiel, so Hobbes, habe er „hinlänglich dargetan, wie das wortlose innere Schlußfolgern des Geistes aussieht."[18]

Dieses Szenario ist nicht deswegen interessant, weil es eine gültige Rekonstruktion unserer Begriffsbildungen böte, das leistet diese Inszenierung sicher nicht, sondern deshalb, weil Hobbes die Bedeutung der rechten Distanz für die Erfaßbarkeit von Eigenschaften der Dinge deutlich gesehen hat. Welche Eigenschaften wir einem Ding zuschreiben können, hängt auch von Nähe und Distanz ab. Bild und Ausführung von Hobbes stammen natürlich, wie in der Geschichte der Philosophie meistens, nicht erst von ihm.[19]

---

[17] Ibid.

[18] Ibid.

[19] Schon bei Plotin (natürlich auch schon bei Platon z. B., *Pol.* 368 d, 434 d) finden sich (übrigens relativ moderne) Hinweise auf das Sehen auf Distanz (*Enneaden* II, 8 (35): *Über das Sehen. Weshalb das von fern Gesehene als kleiner erscheint*, in: *Plotins Schriften*, trad. Richard Harder, neubearb. von Rudolf Beutler und Willy Theiler, Bd. III, Hamburg 1964, pp. 218 sqq.). Theo Kobusch hat mich darauf hingewiesen, daß insbesondere Heinrich von Gent (ca. 1240–1293) dieses Bild wohl mehrfach eingesetzt hat. Für ihn hängt z. B. die Verläßlichkeit von Zeugen an Nähe und Ferne: „Eher ist nämlich dem Geschmack eines Gesunden zu trauen als dem eines Kranken, und eher dem, der etwas von Nahem sieht als dem, der es von weitem sieht." (*Summa*, Quaestiones ordinaria, in: *Opera Omnia* XXI, ed. G. A. Wilson, Leuven 2005, a. I, q. 1, 303). Diese lebensweltliche Einbettung wird von Heinrich von Gent auch auf die Erkenntnis der Prinzipien übertragen: „so ist in jedem Feld des Wissens die Erkennt-

Gewicht hat dieses Bild aber vor allem auch deshalb, weil es gerade negativ die Beschränkung unserer Erkenntnismöglichkeiten durch das *Verfehlen der rechten Distanz* verdeutlicht. Wer zu nahe herangeht oder zu weit entfernt bleibt, verliert unweigerlich Phänomenbestände, die für bestimmte Fragestellungen von Bedeutung sind. Wer nur körperliche Eigenschaften analysieren will, kann weit von dem Ding entfernt bleiben. Wer mehr von ihm wissen will, also nicht nur über körperliche Eigenschaften informiert sein möchte, sondern auch über mentale oder geistige, benötigt zweifellos eine größere Nähe. Solche Eigenschaften gehen aber im Abgang wieder verloren, wenn wir uns vom Menschen also entfernen, wie es heute reduktionistische Programme verlangen. Reduktionistische Programme sind daher am *Kriterium der sachgerechten Distanz* bemessen methodisch inkonsistent: *Unter der Hand* gehen sie von einem Vollbild des Menschen aus, wie sie es aus vorwissenschaftlichen Erfahrungen mitbringen, *über der Hand* soll dies aber nur über körperliche Segmente thematisiert werden.[20]

---

nis der Prinzipien immer gewisser als der Prinzipiate. (…): so wie das körperliche Auge um so gewisser etwas sieht, je näher es es in der räumlichen Entfernung sieht, und um so weniger gewiß, je weiter entfernt über die gehörige Sehentfernung hinaus es das wahrnimmt." (a. II q. 3, 67)

[20] Cf. zu einer Kritik an dieser sehr populären Konzeption zuletzt Thomas Nagel, *Mind and Cosmos. Why the Materialist Neo-Darwinian Conception of Natur is Almost Certain False*, Oxford 2012. Thomas Nagel bekennt hier (wahrscheinlich stimuliert durch Gespräche mit Markus Gabriel) freimütig: „The view that rational intelligibility is at the root of the natural order makes me, in a broad sense, an idealist – not a subjective idealist, since it doesn't amount to the claim that all reality is ultimately appearance – but an objective

Drei Aspekte läßt das Bild von Thomas Hobbes allerdings offen. Er hat bloß ein *räumlich* angelegtes Bild vor
Augen, den *zeitlichen* Aspekt des Erkennens berücksich-
tigt er nicht. Wie steht es aber mit der Verweildauer auf
Distanz?

Selbst wenn ich, und das ist hier der *erste* Punkt, ganz
nahe an das Ding herangehe, um es als ,vernunftbegabten,
belebten Körper' zu identifizieren, habe ich noch nichts
von seiner emotionalen bzw. seelischen Verfassung erfaßt,
ob dieser Mensch also etwa ,melancholisch' oder ,frohen
Mutes' ist. Um das konstatieren zu können, bedarf es eines längeren Umgangs mit ihm und zwar in einiger Nähe.
Verzichte ich darauf, erreiche ich nur schwerlich das Vollbild eines Individuums. Selbst wenn die Nähe auf Null
schrumpft, wir also in den Menschen ,hineinfließen', ja
schließlich er selbst ,sind', bleibt immer noch eine innere
Distanz und muß es geben, damit wir denken können.

Zweitens gehört eine solche Verweildauer auch zur Erkenntnis auf große Distanz. Die schon sehr früh von der
Menschheit erworbenen Kenntnisse über Stand und Bewegung der Sterne, ein Wissen, das im Bild von Hobbes
eigentlich ja nur Körper betreffen kann, war ohne eine
Dauerbeobachtung von erstaunlichen Ausmaßen und
über Generationen hinweg nicht zu gewinnen. Dieser
ungeheure Zeitaufwand legitimierte sich in mythischen
Weltbildern aber durch die Annahme, daß es sich bei den
Sternen keineswegs nur um Körper, sondern um Wesen-

---

idealist in the tradition of Plato and perhaps also of post-
Kantians, such as Schelling and Hegel, who are usually called
absolute idealists. I suspect that there must be a strain of this
kind of idealism in every theoretical scientist: pure empiri-
cism is not enough." (p. 17) Dem ist zunächst einmal nichts
hinzuzufügen.

heiten höherer, jedenfalls Ehrfurcht gebietender Art handele.

Der *dritte* Aspekt ist methodisch gesehen wohl der wichtigste: Wo steht im Bild von Hobbes er selbst? Der Urheber des Bildes bleibt nach seinen Ausführungen offenbar außerhalb. Das indiziert, daß es nicht nur einen räumlichen bzw. zeitlichen Aspekt des Erkennens gibt, sondern auch einen szenischen. Erst aus diesem szenischen Sinn, den Hobbes nicht kennt, können wir uns nicht subtrahieren. Szenen haben keine Ränder, sondern eröffnen sich aus einer Sinnmitte.[21] Perspektiven und Distanzen können wir einnehmen und wechseln, den szenischen Sinn des Erkennens allerdings nicht. Das liegt wohl daran, daß das Szenische unserer Existenz derart zuvorgekommen ist, wie es allem Existierenden vorhergeht: Der Spielraum des Erkennens und des Seins ist gleicher Art und geht beidem vorher und muß es, wenn man einen uninterpretierten Monismus, der nicht ‚kompakt‘, sondern auch ‚porös‘ sein kann, verteidigen will. Und das sollte man, wenn man sich nicht einen fundamentalen Dualismus mit seinen unlösbaren Transferproblemen einhandeln will.

Tatsächlich gibt uns Hobbes mit seinem Bild immerhin einen Wink, in die Dynamik von Erkenntnisprozessen einzusteigen, ohne die die Faßbarkeit der Welt in ihren Abstufungen nicht plausibel gemacht werden könnte. Was wir von ihm nicht erwarten dürfen, ist die Lösung aller Probleme, die sein Bild nur aufruft, aber nicht mehr zur Darstellung bringt.

---

[21] Cf. Wolfram Hogrebe, *Riskante Lebensnähe. Die szenische Existenz des Menschen,* Berlin 2009.

Dazu gehören noch weitere Überlegungen, die das Bild zumindest nahelegt. Thomas Hobbes wies bei seiner Einführung darauf hin, daß wir zuerst irgendetwas nur ‚undeutlich aus der Ferne' registrieren, um es aber immerhin schon als ‚Körper' benennen zu können. Die anfängliche Undeutlichkeit weicht im Näherkommen gewiß einer zunehmenden Genauigkeit der Registratur, das Ding erscheint ihm in nächster Nähe tatsächlich ‚vollständig und nach all seinen Unterschieden'. Indiskrete Vagheit am Anfang und diskrete Vollständigkeit am Ende korrespondieren in diesem Szenario als Extreme auf einer Skala der Entfernung.[22]

Daß die Erkenntnisbilanz bei gegebener Annäherung übrigens nicht immer den Charakter eines Gewinns aufweist, belegt gut hundert Jahre nach den Beobachtungen von Thomas Hobbes, also 1754, ein Denker der deutschen Aufklärung, nämlich Georg Friedrich Meier. Bei ihm wird schon, was Hobbes nicht in Betracht zieht, das Intervall zwischen Nähe und Ferne durch geeignete optische Geräte, nämlich Teleskop und Mikroskop, erweitert. Gerade das Mikroskop läßt uns eine Nähe zum Ding erreichen, die ihre eigenen Nützlichkeiten hat, indem es uns ungeahnte Eigenschaften zugänglich macht, aber eben auch, so Meier, Eigenschaften verloren gehen läßt. Zu große Nähe, das hat Hobbes noch nicht gesehen, kann ebenso wie zu große Ferne, wie er richtig sah, Phänomenbestände zum Verschwinden bringen.

Meier bietet hierfür ein sehr modernes Beispiel: „Die Wangen einer schönen Person, auf welchen die Rosen mit

---

[22] Cf. hierzu Wolfram Hogrebe, *Indiskrete Ontologie und Mantik,* in: ders., *Metaphysik und Mantik,* Berlin 2013[2], pp. 167 sqq.

einer jugendlichen Pracht blühen, sind schön, solange man sie mit bloßen Augen betrachtet. Man beschaue sie aber durch ein Vergrößerungsglas. Wo wird die Schönheit geblieben seyn? Man wird es kaum glauben, daß eine ekelhafte Fläche, die mit einem groben Gewebe überzogen ist, die voller Berge und Thäler ist, deren Schweißlöcher mit Unreinigkeit angefüllt sind, und welche über und über mit Haaren bewachsen ist, der Sitz desjenigen Liebreitzes sey, der die Herzen verwundet."[23]

Daß die Distanz im Erkennen ein ergiebiges Thema für die Philosophie ist, hat noch kürzlich Robert Spaemann anläßlich einer Tagung in Rom betont. Ja er geht soweit, dieses Thema den Denkern als Erbe zukommen zu lassen, da er selbst nicht mehr über die Lebenszeit verfüge, ihm gerecht zu werden. Die erstaunliche Spannweite der ontologischen Fragestellung im Rahmen dieses Themas faßt er in der Bemerkung zusammen: „Absolute Nähe gibt es nicht. Absolute Nähe wäre Identität. Absolute Ferne, also unendlich weite Entfernung, aber ist Nicht-Sein."[24]

Man kann das so fassen. Indes: Was passiert, wenn man Nähe und Ferne in diesem Sinne konjugiert? Wie können wir Nicht-Sein und Identität überhaupt skalieren? Was diese Fragen ins Auge fassen, wird da virulent, wo wir in unserem Rücken mit einem Kollaps der Intentionalität rechnen, intendens und intentum fielen dann zusammen nach Art einer *coincidentia oppositorum*. Der Geist träte dann allerdings aus sich selbst heraus, d. h. aus seiner ele-

---

[23] Georg Friedrich Meier, *Anfangsgründe aller schönen Wissenschaften*, Bd. I, § 23, Halle 1754, repr. Hildesheim/New York 1976, p. 39.

[24] Robert Spaemann, *Nähe und Ferne*, in: DIE WELT vom 25.1.2013.

mentaren Bezüglichkeit auf irgendetwas. Er träte hinaus
aus etwas, wohinein er einstmals eingetreten war.

Unser Erstes sind empirische Prädikate, mit Hilfe derer
wir die Welt sortieren. Sie haben Kategorien wie Quanti-
tät, Qualität und Relation im Rücken, die die Regeln des
Sortierens festlegen. Diese Kategorien haben wiederum
die Transzendentalien im Hintergrund, die die Wertigkeiten der Regeln des Sortierens nach wahr, gut und schön
kodifizieren. Diese Wertigkeiten haben ihrerseits wieder die Supertranszendentalien[25] zur Voraussetzung, die
im Prinzip nur in der intentionalen Struktur als solcher

---

[25] Zu dieser Überbietungsform des kategorialen und transka-
tegorialen Denkens ist in letzter Zeit viel geforscht worden.
Cf. Jan A. Aertsen, Artikel ‚Transzendental‘, ‚Transzen-
dentalphilosophie‘ II: *Die Anfänge bis Meister Eckhart*, in:
Historisches Wörterbuch für Philosophie, Bd. 10, Basel 1998,
Sp. 1359–1365; John P. Doyle, Artikel ‚Supertranszendent‘,
‚Supertranszendenz‘, in: *Historisches Wörterbuch für Philosophie*, Bd. 10, Basel 1998, Sp. 644–649; Theo Kobusch, *Die
Philosophie des Hoch- und Spätmittelalters (Geschichte der
Philosophie* Bd. V), München 2011, p. 413; Dominik Perler,
Theorien der Intentionalität im Mittelalter, Frankfurt/M.
2002; Sabine Folger-Fonfara, *Das ‚Super‘-Transzendentale
und die Spaltung der Metaphysik. Der Entwurf des Franzis-
kus von Marchia*, Leiden 2008; u. a. Theo Kobusch hat schon
sehr früh gezeigt, daß diese Überbietungsform gewissermaßen den Beginn der neuzeitlichen Philosophie darstellt.
Insbesondere hat Johannes Clauberg (1622–1665) eine sehr
schöne Demonstration dafür gegeben, daß wir sogar um-
gangssprachlich das supertranszendentale *aliquid* sehr wohl
gebrauchen: „wenn uns jemandes Eigenname nicht einfällt,
sagen wir sehr oft ‚der Dings‘, ‚er wohnt in Dings‘ oder ähnlich." (Theo Kobusch, *Sein und Sprache. Historische Grundlegung einer Ontologie der Sprache*, Leiden/New York/Ko-
benhavn/Köln 1987, p. 251)

bestehen: Alles bleibt bezogen auf irgendetwas (ens, aliquid), sei es erster (Sinnendinge) oder zweiter Ordnung
(Begriffliches). Diese intentionale Struktur hat dann ultimativ allenfalls noch ihren eigenen Kollaps im Rücken,
in dem das Intendierende und das Intendierte zusammen-
fallen.

2. Schritt: Der Sprung ins Surreale

Hier hilft nichts mehr: kein Denken, keine Sprache, keine
Reflexion. Hier brennt der Dornbusch ohne zu verbren-
nen.[26] Das ist das alttestamentarische Geburtsereignis des
modernen ‚Dialetheismus‘, der hier etymologiewidrig
tatsächlich zu einer bislang ungeahnten Form des ‚Theismus‘ wird. Die kollabierte Intentionalität vergeht in
einer ultratranszendenten, daher nur noch diffusen, d. h.
sprachlich nicht mehr eingehegten Identität. Diese könnte in einer Selbstaussage nur noch simuliert werden, um
auf ein Eines hinzuweisen, das von uns völlig unabhängig
ist, das uns allenfalls ‚vorschwebt‘ oder ‚in Anspruch‘ genommen wird. Plotin faßt die Verhältnisse hier so, daß
das Denken, der Geist, sich als das zu verstehen gibt, was
etwas thematisieren kann. Ich bin der, der das, was immer
auch ist, thematisiert. So kann der Geist von sich noch sagen: ὄν εἰμι.[27] Der Einheitsgrund *hinter* dieser intentiona-

---

[26]   Cf. AT *Ex.* 3,23 – 4,18.

[27]   Plotin, *Enn.* V 3 13, 24–26 (*Plotins Schriften*, op. cit., Band V,
       Hamburg 960, p. 158). Das Verhältnis des Intellekts zu dem
       Einen ist in der Forschung umstritten. Die derzeit beste Re-
       konstruktion bietet Jens Halfwassen, *Der Aufstieg zum Ei-
       nen*, München/Leipzig 2006², pp. 130: *Der Urakt des Den-
       kens. Die Selbstkonstitution des Geistes in der Hinwendung
       auf das Eine selbst.* Halfwassen stellt sich hier die Gretchen-

len Struktur läßt sich allerdings nicht mehr objektivieren. Würde dieses *anonyme* Es sagen ‚ich bin dies' (εἰμὶ τόδε), „so würde es unwahr sprechen, wenn es mit ‚dies' ein von ihm Verschiedenes meinte (...)". Hier fügt Plotin noch an: „es könnte höchstens sagen: ‚bin bin' (εἰμὶ εἰμί) und ‚ich ich' (ἐγὼ ἐγώ)."[28] Hier ‚berühren' wir eine ‚unsagbare' Über-Realität, die unseren Reflexionen unweigerlich im Rücken bleibt, jedenfalls kein *cogitabile* mehr ist, sondern ein *incomprehensibile*. Tatsächlich müssen wir mit Blick auf das bloß Berührte sogar noch ein über ihm *verschwebendes unum* postulieren, das also über diese ‚Berührungsqualität' des Einen noch hinausgeht, wenn es denn in seiner unbegrenzten Fülle noch bei sich, mithin auch kontaktunabhängig soll sein können.

---

frage: „Und wie kann der Geist aus dem über alles hinausliegenden Einen, das nicht Geist ist, entspringen?" (p. 135) Halfwassens Antwort: Geist ist das, was aus sich kreativ ist. Ist das, was „aus der Übermacht des absolut Einen die *Mächtigkeit des Erzeugens* (δύναμις εἰς τὸ γεννᾶν) *[empfängt]*" und zwar durch Zuwendung allein (Halfwassen, p. 142/43). Erst dadurch wird Geist sehendes Sehen (ὅρασις ὁρῶσα, ἰδοῦσα ὄψις) (Halfwassen, p. 143) und damit auch Bild oder Spur (εἰκών, ἴχνος) des Einen (Halfwassen, p. 137). Cf. auch Jens Halfwassen, *Plotin und der Neuplatonismus*, München 2004. Hier kommt der Autor zu einer ‚verschlankten' Fassung der Selbstkonstitution des Geistes: „Diese Hinwendung zum Absoluten ist die Urform von *Intentionalität*. Sie ist als solche reines Aussein auf das Eine, reine Intention auf Einheit." (p. 91) Wieso können wir von diesem pronominalen Bezug seinerseits noch wissen? Das Intendieren als solches ist uns als Intendiertes auch noch zugänglich. Mehr geht allerdings nicht, es sei denn um den Preis einer reductio ad absurdum.

[28] *Enneaden* V 3, 10, 35 sqq. (*Plotins Schriften*, op. cit., p. 148).

Solche Realitätsverhältnisse im Rücken unserer Reflexionen sind nun in einem prägnanten Sinn ‚überseiend'
(ὕπερον), sagen wir ruhig: surreal.[29] Wir *fliehen* vor dieser

---

[29] Diesen Ausdruck verwende ich hier nicht im Sinne des bekannten *ästhetischen* Surrealismus seit Apollinaire und Breton, auf den ich unten noch zu sprechen komme, auch nicht
im Sinne des weniger bekannten *mathematischen* Surrealismus. John Horton Conway, geb. 1937, ist der ingeniöse
Erfinder dieser surrealen Klasse von Zahlen, die (nicht nur
für mich unvorstellbar) alle reellen Zahlen beinhaltet, die
größer sind als jede reelle Zahl (John Horton Conway, *On
numbers and games*, A. K. Peters 2001²). Eine eingängige
Darstellung dieser kuriosen Zahlen bietet Polly Shulman,
Infinity Plus One, and Other Surreal Numbers, in: *Disco-
ver*, 1. Dec. 1995; ebenso Claus Toendering, www.tondering.
dk/claus/sur15.pdf). Die Popularisierung *dieses* Ausdrucks
von Surrealismus gelang dem ebenso ingeniösen Mathematiker und Informatiker Donald Ervin Knuth in seinem literarischen Text *Surreal Numbers* (1974), dt. *Insel der Zahlen.
Eine zahlentheoretische Genesis im Dialog*, trad. et ed. von
Brigitte u. Karl Kunisch, Braunschweig 1979. Den Dialog-
partnern dieser didaktischen Einführung wird in dem Text
von Knuth geradezu schwindelig, da jede reelle Zahl von
surrealen Zahlen umschwirrt ist, die ihr näher sind als alle
reellen Zahlen: „Ich beginne ein besseres Verständnis von
Gott zu bekommen. Wie zum Beispiel: Er ist überall (...)."
(p. 101) Eine eigentümliche philosophische Würdigung dieser surrealen mathematischen Gebilde bietet Alain Badiou,
Number of Numbers, New York 2008. – Gegenüber diesen
beiden Verwendungsweisen gebrauche ich den Ausdruck im
Sinne eines spekulativen *Surrealismus*, um eine Realität zu
kennzeichnen, die Abgrund aller Gründe im Sinne Schellings ist. Daß wir damit in die Reichweite von Hegels bei-
ßender Kritik an Jacobi in seiner *Logik* geraten, sei hier keineswegs verschwiegen. Dessen Abstraktion von allen realen
Verhältnissen vergleicht Hegel, historisch an dieser Stelle aus

Surrealität zu konstruktiven Realitäten: Aus Angst vor
Selbstverflüchtigung im Imaginären, dessen Gestalten wir
nicht Herr werden. Aber die surreale Ausgangsdimen-
sion dieser Fluchtzuwendungen (zu Selbstgemachtem)
bleibt uns doch immer gleich nah im Rücken. Wir können
sie bloß ignorieren, aber das tangiert ihr Um-uns-Sein in
keiner Weise. Damit ist die Frage Friedrich Heinrich Jacobis ,hat der Mensch Vernunft' oder ,hat Vernunft den
Menschen' beantwortet.[30]

Nicholas Rescher hat diesen denkwürdigen Umstand,
daß wir zugleich im Reich des Realen und Surrealen leben, im ungenannten Einklang mit dem Muster der neuplatonischen Anthropologie positiv als das ,amphibische'

---

polemischen Gründen wenig mitfühlend, dem Brahma der
Inder: „[W]enn er äußerlich bewegungslos und ebenso in
Empfindung, Vorstellung, Phantasie, Begierde usf. regungs-
los jahrelang nur auf die Spitze seiner Nase sieht, nur *Om,
Om, Om* innerlich in sich oder gar nichts spricht (…)." (Georg Wilhelm Friedrich Hegel, *Wissenschaft der Logik*, Erster Teil, in: ders., *Werke*, Bd. 5, eds. Moldenhauer/Michel,
Frankfurt/M., p. 101). Hegel ersetzt Jacobis Abstraktion
durch eine Dialektik, der die Ergebnisse dieser Abstraktion
schon zur Verfügung stehen: *Triumph des Trinkers über den
Winzer.* – Daß übrigens meine Perspektive eines spekulativen Surrealismus natürlich nicht ohne Berührung mit dem
ästhetischen Surrealismus ist, bezeugt im Ansatz schon Werner Spies: *Surrealismus mehr als Kunst*, in: Friederike Reents
(ed.), *Surrealismus in der deutschsprachigen Literatur*, Ber-
lin/New York 2009, pp. 11–22. Aber das werden wir unten
noch genauer untersuchen.

[30] Zitiert nach Birgit Sandkaulen, *Zur Vernunft des Gefühls bei
Jacobi*, in: *Fichte-Studien* 1997, p. 357. Sandkaulen hat das
Verdienst, Jacobi als seriösen Gesprächspartner für unsere
Zeit repristiniert zu haben.

Wesen des Menschen gekennzeichnet. „Tatsächlich gibt es ein komplexes und doch enges Verhältnis zwischen den zwei Reichen der Realität und der Imagination. Wir können sie weder effektiv voneinander trennen, noch vermögen wir es, in dem einen Reich zu leben, ohne zugleich in das andere eingelassen zu sein."[31] Die Pointe Reschers ist die: Das Zugleichsein im Imaginären und Realen ist *keine* Tat des Menschen, sondern *Faktum* seines Existierens. Wir werden eben in ein Zwischenreich, d. h. ‚in the two realms of reality and imagination', oder, wie Gehlen sagt, in einen „état imaginaire"[32] hineingeboren.

Wir können Imaginäres und Reales eben deshalb nicht reinlich trennen und dürfen es auch nicht, sonst gäbe es keine ‚Gründe'. Daß wir das aber wiederum überhaupt wissen können, dazu benötigen wir das, was Arnold Gehlen ‚Urphantasie' nannte. Diese ist keine spezielle Begabung Weniger, sondern Grundausstattung aller Men-

---

[31] Nicholas Rescher, *The Amphibious Man/Der amphibische Mensch* (Bonner Philosophische Vorträge und Studien, ed. Wolfram Hogrebe, Bd. 19), Bonn 2003, p. 11. Cf. hier p. 2: „There is, in fact, a complex but close interrelationship between the two realms of reality and imagination. We cannot effectively separate them, nor can we manage to live in one without involvement in the other." Daß diese ‚amphibische' Figur des Menschen neuplatonische Wurzeln hat, war Rescher wohl nicht bewußt. Cf. dazu Theo Kobusch, *Christliche Philosophie. Die Entdeckung der Subjektivität*, Darmstadt 2006, p. 67 sq., ferner p. 177. Hier weist Kobusch den Ausdruck ἀμφίβιος bei Plotin, Proklos und Maximus von Tyrus u. a. nach. Im Design der neuplatonischen Anthropologie ist der Mensch substanziell ein Grenzwesen, u. a. zwischen Notwendigkeit und Freiheit.

[32] Arnold Gehlen, *Der Mensch. Seine Natur und seine Stellung in der* Welt, Bonn 1958 (6. Aufl.), p. 346.

schen. Diese ,Urphantasie' bewegt sich zwar, wie Gehlen zugibt, „an der Grenze der Denkbarkeit"[33], sorgt aber dafür, daß wir durch „Identifikation mit einem Anderen die Voraussetzung des Selbsterlebnisses" realisieren, d. h. den intentionalen Bezug aufbauen können.[34] Der Mensch kommt, so auch Hegel, von außen nach innen zu sich. Das geschieht durch unbewußte Mimesis, durch die wir uns erst aus Anderen und Anderem ,einholen'. Es kommt mit George Herbert Mead zuerst darauf an: *to take the role of the other*.[35] Das kann jeder Adulte übrigens an der frühen Dauermimesis von Infanten ablesen.

---

[33] Arnold Gehlen, *Der Mensch*, op. cit., p. 347. Im *état imaginaire* spüren wir einen Sog aufs Ganze zu gehen, und dieser Sog stimuliert, so Kant, einen Schluß auf ein Unbedingtes, ja bietet in dieser Form ein Argument, „der absoluten Einheit der vollständigen Realität, als dem Urquell der Möglichkeit, seine Stimme zu geben"; allein dies ist kein zwingender Beweis. Hier bedarf es, wie Kant sagt, einer gewissen „Gunst, um den Mangel seiner Rechtsansprüche zu ersetzen". (*KrV* B 615, A 587) Mit dieser Devise umgeht Kant den Nezessitismus: Man darf, aber man muß nicht. Das hat Quentin Meillassoux, *Après la finitude*, Paris 2006, nicht gesehen. Die einzige Gesamtinterpretation Kants, die, soweit ich sehe, den Fallstricken eines Nezessitismus ganz konsequent entgeht, stammt von Josef Simon (ders., *Kant. Die fremde Vernunft und die Sprache der Philosophie*, Berlin/New York 2003).

[34] Arnold Gehlen, *Der Mensch*, op. cit., p. 344. Weil das so ist, benötigen wir eben das, was Michael Hampe treffend ,anteilnehmendes Verstehen' nennt. Cf. Michael Hampe, *Gesetz und Distanz*, Heidelberg 1996, 2. Kap., III: *Teilnehmende und beobachtende Vernunft* (pp. 34 sqq.).

[35] Zit. nach Arnold Gehlen, op. cit., p. 344. Gehlen (ibid.): „Auch Mead hat die enormen Konsequenzen dieser genialen Einsicht nicht erschöpft."

Wer das realisiert, wird jedenfalls, wie es Hobbes mit anderen Argumenten ja auch schon vorgeschlagen hatte, sein Thema der Nähe und Ferne über die gesamte Spannweite des Denkbaren zu entfalten haben, so daß eine auf's Ganze gehende Meditation sich der gesamten Dimension des spekulativ Faßbaren stellen muß, eben über alles prädikativ und kategorial Faßbare, ja auch über Transzendentalien und Supertranszendentalien hinaus bis zu jener ultratranszendenten, surrealen Realität, hinter der nichts mehr steht: Sie ist, was immer auch, reiner Selbstvollzug, an dem wir dennoch teilhaben.

Hier bewegen wir uns, wie man formulieren könnte, aber nicht muß, im Rücken der Metaphysik. Aber diesen Hintergrund braucht unweigerlich, wer im Vordergrund mit *Gründen* mündig werden will. Gründe kommen in der Natur nicht vor, aber die Erkenntnis der Natur ist auf zwingende Gründe angewiesen, um Subjektunabhängigkeit zu erreichen. Wer einen Realismus verteidigen möchte, der in einem von uns Unabhängigen terminiert, braucht in diesem Sinne eben Gründe, ganz einfach um eine ‚grundierte‘ Welt zu erhalten.

Geist, selber grundlos ‚gründend‘, ist geradezu süchtig nach Gründen. Denn nur das, was von uns unabhängig ist, kann letztendlich etwas sein, das uns anzieht. Ein anderes Faszinosum als diesen reinen Entzug gibt es nicht. Dieses von uns Unabhängige muß auch in dem aufscheinen, was wir können. Als ein diesem Können Entzogenes macht es Wahrheit ebenso möglich wie die unerreichbare Tiefe großer Kunst. Die Wirkungsart des Anziehens ist nicht im eigentlichen Sinne kausaler Art, da es für diese Anziehung nur einen intelligiblen Sog gibt. Sie hat daher nichts *Erzwingendes*, wirkt gleichwohl *be*zwingend, ja betörend und nötigend, aber auf sanfte Art. Man könnte

hier von einer charismatischen *forma formans* sprechen.
Das ist zwar nur eine bildliche Charakterisierung, aber
hier, so auch Gottlob Frege, „[w]o es darauf ankommt,
sich dem gedanklich Unfaßbaren auf dem Wege der Ahnung zu nähern, haben diese [bildlichen] Bestandteile
ihre volle Berechtigung".[36]

Anziehungskräfte gibt es ja viele, von der puren eroti-
schen Attraktivität bis zu physikalischen Attraktionsver-
sionen wie die Anziehungskraft von Massen. Abstoßungs-
kräfte gibt es entsprechend ebenso viele, physikalische
wie psychologische. Philosophisch relevant ist all dies in
der Regel nicht, weder Attraktion noch Repulsion. Physikalische oder psychologische Zugänge beherrschen das
Feld dieser gegensätzlichen Energien unter ihrer ureigenen Regie.

Dennoch gibt es genau einen Korridor, in dem diese bewegenden Impulse des Anziehens oder Abstoßens
auch für die Philosophie von Belang sind. Und das ist der
Flur, in dem sich verpflichtende oder schließlich geltende
Verhältnisse in ihren zustimmungs- oder verneinungshei-
schenden Kräften bemerkbar machen. Das ist absichtlich
vage formuliert, weil wir es hier mit einer ungeschrie-
benen Geschichte der Entstehung von Geltung zu tun
haben, jenem Übergang von Genesis zur Geltung, der
methodisch gesehen ansonsten streng geschieden zu be-
handeln ist.

Gewöhnlich macht man sich dieses Trennungsgebot
an dem einfachen Faktum klar, daß es unerheblich ist,

---

[36] Gottlob Frege, *Logische Untersuchungen*, in: ders., *Klei-
ne Schriften*, ed. Ignacio Angelelli, Darmstadt 1967, p. 347.
Cf. hierzu Wolfram Hogrebe, *Frege als Hermeneut*, in: ders.,
Echo des Nichtwissens, Berlin 2006, pp. 67 sqq.

welche Gefühlsdispositionen vorliegen, wenn wir uns genötigt sehen, einen Satz als wahr oder als falsch zu bezeichnen, uns z. B. bemüßigt sehen zu konstatieren, daß $2 + 2 = 4$ ist. Gefühle sollten hier nicht von Belang sein. Die geltende Kraft ist anderer Art und muß von Neigungen freigehalten werden, selbst dann, wenn sie im Spiel sein mögen.

Und sie sind es. Jedenfalls in der Zone, in der wir uns dazu entschließen, in einen Formalismus, d. h. in ein kodifiziertes Reglement, z. B. der Arithmetik einzutreten. Haben wir uns dazu entschlossen, nehmen festgelegte Regularien unseren Gefühlen ihre Zustimmungsberechtigung ab. Sie mögen noch eine gewisse heuristische Bedeutung behalten, stellen aber keine Lizenzen für die Gestattung nächster Schritte im Korridor der Verbindlichkeit mehr aus.

Dennoch: In Phasen des Eintrittsentschlusses spielen Gefühle eine Rolle, sie geben uns vage Hinweise auf die Vorzüge unseres Eintritts, auf seine vorteilhaften Entlastungseffekte bezüglich einer Ersparung anstrengender Überlegungen vor der Wahl des nächsten Schrittes. Solche Nützlichkeitsüberlegungen haben in der Regel mit knappen Zeitressourcen zu tun. Wer jeden Schritt zu bedenken hat, braucht mehr Zeit als der, der sich vom Reglement eines Formalismus führen läßt und nicht mehr eigens nachdenken muß.

Vor dem Eintritt in einen Formalismus, so kann man resümieren, ist das Leben noch wirksam, nach diesem Eintritt nicht mehr. Philosophen wie Rudolf Carnap haben diese Differenz in der tiefsinnigen These summiert, daß sich darin die Differenz zwischen externen und internen Fragen greifen läßt. Vor dem Eintritt in einen Formalismus, also im externen Bereich, spielt das Leben noch mit, wir bewegen uns eben deshalb noch nicht im Bereich der Wissenschaften. Nach dem Eintritt in einen Formalismus, also im internen Bereich, spielt das Leben nicht mehr mit, aber wir bewegen uns endlich im Bereich gesicherter, d. h. vom Denken unabhängiger Wissenschaft, in der nur noch kalkuliert werden muß. Kalkulation auf der Basis eines akzeptierten Reglements löst hier das Denken ab. Hier gilt mit Wittgenstein elementar: „Ich folge der Regel *blind.*"[37] Ob ich ihr überhaupt folgen soll, habe ich vorher und unabhängig von der Regel entschieden.

Damit tritt natürlich die Wissenschaft in allen Varianten aus dem Bereich der Philosophie heraus. Diese bleibt, wie immer, zurück, weil sie bloß *Sachwalterin selbstexplikativen Denkens* bleiben kann und nichts sonst. Diese Funktion der Philosophie wird mit Carnap und denen, die ihm nachfolgen, aufgegeben. Damit ist die Philosophie am Ende, jedenfalls in diesen Konzeptionen. Nicht jedoch der Sache nach. Ein erwogener Eintritt in einen Formalismus sollte noch Gegenstand der Philosophie sein, nicht jedoch sein Vollzug. Denn dieser annulliert das Denken, um das es der Philosophie allein gehen kann und muß.

Tatsächlich sind aber auch unsere Lebensverhältnisse inzwischen von Segmenten durchsetzt, die die Gestalt von Formalismen haben. Wer es versteht Apparate zu bedienen, begibt sich in Areale von Formalismen vom Typ Gebrauchsanweisung. Das wissen alle, die ihr Handy, Automobil, Computer oder sonstiges technisches Gerät zu bedienen bzw. zu gebrauchen wissen. Wir sind inzwi-

---

[37] Ludwig Wittgenstein, *Philosophische Untersuchungen*, Frankfurt/M. 1967, p. 110 (§ 219).

schen weit entfernt von einer Existenz, die sich ohne Formalismen bewältigen ließe. Faktisch war das wahrscheinlich immer so. Die Handhabung eines Faustkeils ist schon
der Eintritt in einen rudimentären Formalismus, der in
alternative Bewegungsmuster zweckmäßiger oder effek-
tiver Nutzung eingelassen ist.

Dennoch existieren wir hauptsächlich außerhalb von
Formalismen, frei und ungebunden, deshalb gibt es immer Eintrittserwägungen. Denn natürlich müssen wir
immer wieder und zwar variantenreich in sie eintreten,
häufig zu unserem Vorteil, aber auch zu unserer Selbst-
fesselung. Das wissen wir, deshalb brauchen wir von Zeit
zu Zeit lizenzierte Austritte aus Formalismen. Frei fühlen wir uns, wenn wir von Verbindlichkeiten jeglicher Art
entlastet sind. Aber auch diesen Zustand halten wir nicht
lange aus und wir suchen nach einiger Zeit wieder Eintrit-
te in Verbindlichkeiten.

Wie entstehen diese? Wir brauchen sie eigentlich nur
in kooperativen Verhältnissen. Es könnte sein, um einen
Vorblick auf eine Antwort zu riskieren, daß es genau hier
eine anziehende Instanz gibt, die uns gewissermaßen nötigt, in eine Verbindlichkeit einzutreten, eine anziehende
Kraft, die aber anderer Art ist als die üblichen internen
oder externen Motivationen. Ferner sind die Medien des
Kooperativen, also Sprach- und Handlungskontexte zu
berücksichtigen, innerhalb derer sich Verbindlichkeiten
überhaupt erst einstellen können.

Normalerweise gehen wir davon aus, daß wir in unseren verschiedenartigen Begehrlichkeiten ineins von in-
stinktiven Verbindlichkeiten, auch von Gefühlen ,geführt‘
werden. Begierden entzünden einen graduell wirksamen
drive, dem wir zwar prinzipiell widerstehen können, uns
aber häufig einfach ,fügen‘, d. h. uns treiben lassen. Weil die

Möglichkeit, unseren Begierden zu widerstehen, aber doch besteht, müssen diese gewissermaßen eine epistemische Kontaktstelle haben, um erreichbar zu bleiben. Daher hat man in der Literatur zum sog. ‚Emotivismus' der letzten Jahre gerne darauf bestanden, daß hier zwei Faktoren im Spiel sind: eine Komponente, die den Informationsanteil der Begierden repräsentiert (ich weiß, wie benebelt auch immer, wozu ich getrieben bin), und eine andere Komponente, die lediglich den ‚drive' der Begierde als θυμός selbst ausmacht. James Edward John Altham hat hier im Englischen die kuriose Wortprägung *besire* vorgeschlagen, d. h. eine Zusammensetzung aus *belief* und *desire*.[38]

Das ist gewiß eine kunstfertige Überspielung des phänomenologischen Befundes, daß auch Triebe oder Begehrungen aller Art, wie abgedunkelt auch immer, niemals epistemisch völlig ‚blind' sind. Sonst würden wir den Homo sapiens im Triebtäter juristisch nicht mehr erreichen und ihn folglich zu einem *animal* degradieren, dessen Rechtsfähigkeit suspendiert ist. Selbst der, der ‚blind vor Wut' eine Straftat begeht, wird ja zur Verantwortung gezogen. Aber mehr analytischen Profit können wir aus dieser Wortakrobatik Althams nicht herauszaubern. Jedenfalls haben wir damit die Frage nach der Entstehung von Geltung noch nicht eigentlich gestellt.

---

[38] J. E. J. Altham, *The Legacy of Emotivism*, in: Graham Macdonald/Crispin Wright (eds.), *Fact, Science and Morality: Essays on A. J. Ayer's Language, Truth and Logic,* Oxford 1986, pp. 275–288. Cf. zu dieser gesamten Debatte: Sebastian Harrer, *Emotionale Einstellungen. Ein moralpsychologischer Lösungsansatz zu Michael Smith's ,Moral Problem',* Diss. Bonn 2006 (publ. ULB Bonn, http://hass.ulb.uni-bonn.de/diss_online). Zu Altham cf. hier p. 229.

Man tut gut daran, die Eigenart geltender Verpflichtungen gerade aus ihrer Resistenz gegenüber Neigungs-
profilen zu konturieren, und die Philosophen haben es
seit der Antike (vor allem in der Stoa) bis Kant und über
ihn hinaus ja auch getan. Nicht weil wir es gerne hätten,
machen wir, wenn es denn darauf ankommt, den nächsten
Schritt, sondern weil es neigungsunabhängige Gründe
gibt, die uns dazu nötigen. Wie kommt es aber zu einer
Instanz, die in diesem Sinne eine neigungsbezwingende
Kraft hat? Solche Kräfte manifestieren sich im Alltag und
in der Regel zunächst bloß in Formen der Selbstbeherrschung, die schon in der Antike als Tugenden der Beson-
nenheit ausgezeichnet wurden. Ihre stornierende Kraft
kann allen Neigungen Einhalt gebieten oder sollte es wenigstens können, gerade in kritischen Situationen. Die historisch vielfach belegten Formen virtuoser Askese bieten
dafür gute, manchmal bizarre Zeugnisse.

Diese erstaunliche Leistung einer Ausbildung von
Formen variantenreicher Selbstbeherrschung bis hin zu
lebensverneinenden Arabesken ist aus evolutionärer Perspektive gesehen eigentlich ganz unwahrscheinlich. Irgendwann muß es aber zu solchen Formen einer Selbst-
kontrolle[39], d. h. zu einer sich selbst subordinierenden
Struktur psychischer Haushalte, die sogar auf Dauer gestellt ist, gekommen sein. Wenn die Genesis der Geltung
überhaupt dechiffriert werden kann, dann führt kein Weg
an dieser internen Subordination vorbei, um überhaupt
kooperationsfähig werden zu können. Zugleich zwingt

---

[39] Zur Genese cf. Bruno Snell, *Die Entdeckung des Geistes*,
Göttingen 7. Aufl. 1993, p. 35: Als Achill, von Agamemnon
gereizt, nach dem Schwert greift, da erscheint Athene und
hält ihn zurück.

sie uns, den Prozeß der Selbstdomestizierung des Menschen aus seiner Vorgeschichte, d. h. aus den Tiefen seiner mythischen Vergangenheit zu entwickeln. Von hier aus entdeckt sich der Mensch zuerst als *entrücktes Tier*.

3. Schritt: Schellings politische Mythologie

Der erste, der ein solches Unternehmen in der Philosophie im großen Stil riskiert hat, war Schelling. Er ist überhaupt gerade darin bis zur Gegenwart modern, daß er als erster Philosoph ein konsequenter Denker der Evolution ist, einer Evolution allerdings nicht nur von Natur, Geist, Welt und Gesellschaft, sondern sogar von Gott, ja des Seyns. Er verfolgt sein ganzes Leben hindurch das universelle Projekt einer *ontologischen Evolution*, d. h., wie Heidegger später titelte, einer *Seinsgeschichte*. Schelling zufolge hätten wir, bezogen auf unsere Fragestellung nach der Herkunft der Geltung, mit mindestens drei Epochen[40] einer sich erst allmählich selbstsubordinierenden Menschheit zu rechnen.

Am Anfang müssen wir *zuerst* einen Zustand postulieren, in dem die koordinierende Kapazität unserer Vorfahren in eine kritische Phase eingetreten erscheint. Da die Instinktschranken des Verhaltens ihre natürliche, ja zwingende Stabilität mit Erreichen eines sich stetig erhöhenden Komplexitätsgrades des Gehirns verloren, drohte die verblassende Instinktsteuerung des Verhaltens in

---

[40] Cf. Friedrich Wilhelm Joseph Schelling, *Philosophie der Mythologie*, Bd. 1, Darmstadt 1976, p. 235. Hier gliedert Schelling („ein System von Zeiten") so: „absolut-vorgeschichtliche, relativ-vorgeschichtliche, geschichtliche Zeit." Im folgenden gebe ich seine Intuitionen in moderner Übersetzung, d. h. sehr frei wieder.

daher zunehmend unspezifischen Reizkulissen seine ori-
entierende Kraft zu verlieren. Anthropologen wie Max
Scheler und Arnold Gehlen haben den Menschen zufolge
dieser ihn erreichenden ‚Instinktreduktion' im Rückgriff
auf Herder als ‚Mängelwesen' bezeichnet. Die bedrohliche Macht der Umwelt, früher instinktspezifisch festgelegt, bekundet sich ab sofort mit voller Wucht in allem,
aber verrät nichts mehr über Strategien ihres Ertragens
oder Bewältigens wie ehedem die punktuellen Automatismen von Angriffs- oder Fluchtinstinkt. Die Reize blieben relevant, aber wurden partiell kausal stillgestellt, d. h.
von den vormaligen Automatismen entkoppelt.

Die anfänglichen Menschen, instinktiv von der Lei-
ne gelassen, lebten *zweitens* ab sofort in einer Welt des
geradezu Unheimlichen. Erst jetzt konnte etwas hervortreten, das im Verborgenen hätte bleiben sollen.[41] Alles
wurde zur Erscheinung (Apparition), bevor es noch Er-
scheinendes (Phaenomenon) werden konnte. Diese Welt
der Erscheinung geht auf das Ereignis eines Umschlags
der sinnlichen Welt in eine ‚grundierte' Welt von Sinn zurück. Für unsere Vorfahren war das kein Einrücken in einen Reigen seliger Geister. Im Gegenteil, dadurch wurde
ihre Angstfähigkeit geradezu überreizt. Denn es drohte
ein Absturz in einen taumelnden, nicht mehr instinktge-
schützten, mithin proto-schizoiden Zustand, bevor noch

---

[41] Cf. Schelling, *Philosophie der Mythologie*, Bd. 2, 28. Vorlesung, Darmstadt 1976, p. 649: „unheimlich nennt man alles,
was im Geheimniß, im Verborgenen, in der Latenz bleiben
sollte und hervorgetreten ist." Auf diese Definition greift
bekanntlich Sigmund Freud in seinem Aufsatz *Das Unheim-
liche* (1919) zurück. Cf. dazu Wolfram Hogrebe, *Archäologische Bedeutungspostulate*, Freiburg/München 1977, pp. 23
sqq.

die erwachende Psyche sich selbst gefangen und stabilisiert hatte. Schelling spricht hier von einem „Entsetzen vor dem Verlust alles Einheitsbewußtseyns".[42]

In dieser vorgeschichtlichen Zeit erscheinen unsere Vorfahren daher geradezu „mit einer Art von *stupor* geschlagen (*stupefacta quasi et attonita*) und von einer fremden Gewalt ergriffen, außer sich, d. h. außer ihrer eigenen Gewalt gesetzt".[43] Ohne diese anonym abgedrungene ekstatische Erfahrung, ohne diese Entrückung gäbe es für den späteren Homo sapiens keinen anfänglich blinden Kontakt zu etwas von ihm völlig Unabhängigem. Und das heißt schließlich in selbststabilisierten Zeiten: keine Idee von Geltung, Realismus oder Objektivität, auch keine Intentionalität. Dieses Grundvokabular der *sapientia* des Homo sapiens macht in allen Varianten nur etwas namhaft, was uns zwar grundsätzlich entzogen ist und dennoch oder gerade deshalb unwiderstehlich anzieht.

Die bedrohliche Selbstverlusterfahrung am Anfang war, wie gesagt, nichts Angenehmes. Denn in allem, was sich zeigt, schlief ein unabsehbares und unberechenbares

---

[42] Schelling, *Philosophie der Mythologie*, op. cit., p. 115.

[43] Schelling, *Philosophie der Mythologie*, Bd. 1, op. cit., p. 193. Das ist ein äußerst schwieriger Gedankengang Schellings. Er erläutert: „Der blinde Theismus des Urbewußtseyns, von dem wir ausgehen, ist, als mit dem *Wesen* des Menschen vor aller Bewegung, also auch vor allem Geschehen, gesetzt, nur als ein übergeschichtlicher zu bestimmen, und ebenso läßt sich jene Bewegung, durch welche der Mensch, aus dem Verhältniß zu dem göttlichen Selbst gesetzt, dem wirklichen Gott anheimfällt, nur als übergeschichtliches Ereigniß denken." (Schelling, *Philosophie der Mythologie*, Bd. 1, op. cit., p. 191)

vulkanisches Gefahrenpotential, das jederzeit ausbrechen konnte.

Deshalb erfolgte *faute de mieux*, Arnold Gehlen würde wieder sagen: aus Entlastungsgründen, *drittens* der Eintritt in einen mythogenen Prozess als erste einheitssichernde Epoche. Der bedrohlichen, aber noch uninterpretierten Wand von Nicht-Sinn des sie umgebenden Ganzen wurden von unseren völlig verunsicherten Vorfahren Konturen verliehen, die zuwendungsfähig wurden. Unheimliches wurde in Formen gebannt. Aus der Wand des rätselhaften Nicht-Sinns traten erst jetzt, aber noch nicht erkennbar, Gestalten plastisch und bildförmig hervor[44], immer noch schrecklich, aber nicht mehr diffus wie ihr Hintergrund, sondern immer formierter, d. h. bestimmter. Die unsägliche Angst des Anfangs konnte jetzt einer spezifizierten, in Bilder gebannten Furcht weichen. Das große dunkle Du war da.

Das Hervortreten zunächst anonymer Gestalten, die später Götter genannt wurden, läßt sie in ein Szenario eintreten, das in Hinter- und Vordergrund strukturiert ist. Auch Götter wurden durch ein unergründliches Gesetz, dem auch sie als Hervortretende gehorchen, hintergründig eingehegt (θέμις). Dieses uns völlig unbekannte Hintergrundgesetz ist durch die Hervortretenden ver-

---

[44] Auch Gott macht nach Schelling eine selbstexplikative Karriere: „Er selbst ist, von dem im Seyenden eingewickelten zu dem aus dem Seyenden hervorgetretenen (*a deo implicito ad deum explicitum*), von dem nicht mehr zu sagen ist, daß er das Seiende, sondern daß er das ist was das Seyende ist." (Schelling, *Philosophie der Mythologie*, op. cit., Bd. 1, p. 274) Dieser Übergang ist für Schelling eine Bewegung innerhalb der von Heidegger so genannten ontologischen Differenz: vom Seienden zum Sein.

stellt, bleibt aber im Götterwillen als Ordner spürbar.
Dem haben sich auch die verblendeten Menschen (ἄτη)
zu subordinieren, wenn anders sie sich nicht Zorn und
Strafe der Götter zuziehen wollen. Das Opfer als eine erste ritualisierte *Subordinationsform* tritt hier hervor.

Woher wissen wir das alles? Nur durch konsequente
Explikation des uns Impliziten. Dazu müssen wir allerdings die von Arnold Gehlen so genannte ‚Urphantasie‘
beredt werden lassen. Diese bringt jeder naturaliter mit,
denn Menschen als solche sind in gewisser Weise Produkt dieser Urphantasie. An dieser Selbstexplikation der
Gattung teilzuhaben ist nun das spekulative Geschäft der
Philosophie. Sie weiß in ihrer kritischen *façon* mit Kant,
daß sie damit über eine „nur unbestimmte Erkenntnis einer nie völlig zu behebenden Unwissenheit" nicht hin-
auskommt.[45] Aber wir haben die großartige Möglichkeit,
nicht allerdings die Pflicht, es zu versuchen. Und diese
Möglichkeit bezeugt den überethischen, surrealen Adel
des Menschen, noch vor seiner Würde.

Schelling hat die Verhältnisse hier einmal prägnant und
schlicht so zusammen gefaßt: „Die wissenschaftliche Philosophie kann nur spekulativ sein, das Spekulative aber
besteht im Erwägen des Möglichen."[46] Nur durch ein Erwägen des Möglichen, so muß man wohl auch im Sinne
Schellings ergänzen, das sich im Hintergrund des Möglichen final selbst aufgeben muß. Das mögen die Menschen
eigentlich nicht. Deshalb waren sie seit je gegenüber der
Philosophie als Selbstgefährdungsunternehmen ihres
Gattungsnarzißmus äußerst skeptisch und sie sollten es

---

[45] *KrV* A 758/B 786.

[46] F. W. J. Schelling, *Einleitung in die Philosophie*, ed. Walter
E. Erhardt, Stuttgart – Bad Cannstatt 1989, p. 95.

auch bleiben.[47] Vor allem in den modernen Zeiten ihres Pragmanarzißmus.

Nach Schellings abgründigen Spekulationen hätten wir mit einer Quelle der Geltung zu rechnen, die ohne Taten und Werke von Menschen zwar nicht sprudeln würde, aber dies auch nur dann vermag, wo Menschen *in ihren Werken etwas hervortreten lassen, was nicht ihr Werk ist*.[48] Was gilt, ist diesem Geltungsursprung nach präsubjektiv. Nur deshalb tritt die Verbindlichkeit der Geltung in die Welt, nicht als deliberative *Konvention*, sondern als operative *Passion*, d. h. als überkommenes Widerfahrnis in Kontexten unseres Handelns. In unserem Tun und Han-

---

[47] Markus Gabriel hat den Kreißsaal der Gottgeburten in der *Philosophie der Mythologie* Schellings mutig aufgesucht und seine Intuition treffend so bilanziert: „Wenn die Götter also eine bestimmte Funktion in einem Götterganzen einnehmen, dessen Handlungen sich im Rückblick als rational in dem Sinne erweisen, daß sie an göttliche Gesetze gebunden sind, dann verliert die Präsenz der Götter plötzlich ihre Unheimlichkeit, von der die griechische Tragödie mit der konstitutiven Verblendung (ἄτη) ihrer Helden zeugt. Das Göttliche rückt dem Menschlichen immer näher, wenn seine Gesetze auch schwer und nur unter Opfern zu erkennen sind." (Markus Gabriel, *Der Mensch im Mythos. Untersuchungen über Ontotheologie, Anthropologie und Selbstbewußtseinsgeschichte in Schellings Philosophie der Mythologie*, Berlin/New York 2006, p. 415)

[48] Schelling, *Philosophie der Mythologie*, Bd. 1, op. cit., p. 194: „Erzeugnisse eines vom Denken und Wollen unabhängigen Processes". Das nämliche gilt vom Ursprung der Sprache: „so konnte der Grund der Sprache nicht mit Bewußtseyn gelegt werden." Daher gilt schon für Schelling, nicht erst für Wittgenstein: „die Sprache selbst sey nur die verblichene Mythologie." (op. cit., p. 52)

deln lassen wir in archaischer Weise zu, was nicht Produkt unseres Tun und Handelns ist und uns doch nötigt:
aus ultimativen Hintergründen unserer Selbstfindung,
die sich in der Erfahrung mit Gründen im Vordergrund
‚gründlich‘ dieser Erbschaft bedienen. Martin Heidegger
spricht hier von einer uns zuvorgekommenen *Wahrheits-
voraussetzung*. Diese „müssen wir ‚machen‘, weil sie mit
dem Sein des ‚wir‘ schon gemacht ist".[49]

Wenn man mit Carl Schmitt sagen möchte, daß alle politischen Kernbegriffe wie ‚Recht‘, ‚Würde‘, ‚Gerechtig-
keit‘ etc. ihrem Ursprung nach theologischer Provenienz
sind, dann wird man im Hinblick auf den epistemologischen Zentralbegriff der ‚Geltung‘ ebenso sagen müssen,
daß er seinem Ursprung nach theologischer Art ist. Der
politischen Theologie tritt so eine *epistemologische Theologie* zur Seite. Allerdings ist die Religion, die sie verwaltet, anfänglich noch keine geoffenbarte, sondern das
Offenbarungsgeschehen einer erwachenden Rationalität.
Schelling nennt diese naturwüchsige Form *wilde Religion*
oder *Wildreligion*, analog zu den geläufigen Ausdrücken
‚Wildfeuer‘ oder ‚Wildbad‘.[50] Entsprechend ist die erste
Theologie nichts anderes als die Mythologie.

So ist auch Schellings Entwurf einer epistemologischen
Theologie zugleich eine politische Theologie oder genauer: eine *politische Mythologie*. Die anfängliche ‚Angst‘
oder das ‚Entsetzen vor dem Verlust alles Einheitsbewußtseins‘ rettet sich peu à peu auch für Schelling schon

---

[49] Martin Heidegger, *Sein und Zeit*, Tübingen 1963[10], p. 228.
Cf. Carl Friedrich Gethmann, *Verstehen und Auslegung.
Das Methodenproblem in der Philosophie Martin Heideg-
gers*, Bonn 1974, pp. 171 sqq.

[50] Cf. Schelling, *Philosophie der Mythologie*, Bd. 1, op. cit.,
p. 246.

in kooperative Einheitsformen, d. h. in geltende Muster, die sich nicht nur in Zahlen und Beweisen realisieren, sondern, wie Schelling erläutert, auch in „ersten bürgerlichen Einrichtungen"[51], d. h. in Gemeinschaften mit intern exkludierenen Strukturen („Kasteneintheilung"), die dennoch zugleich extern inkludierende Effekte haben, wie sie in „Völkern" und „festen Wohnsitzen" manifest werden. Was intern segregiert wird, wird eben dadurch extern integriert. Denn, wie Schelling bemerkt: „An feste Wohnsitze wird erst gedacht, wenn die Menschheit in Gefahr ist sich ganz zu verlieren und zu zergehen (...)."[52] Rudelbildung, Gruppensiedlung, Dorf und schließlich Stadt und Staat vergewissern uns vor dem ‚Verlust unseres Einheitsbewußtseins'. Das ist der mythogenetische Sinn von Institutionen.

Auch Mathematik ist hiernach ein säkularisierter Teil der ‚Wildreligion' und ihrer Theologie, d. h. der Mythologie. Sie hat diese Herkunft allerdings vollständig vergessen. Sie weiß heute nicht mehr, was sie tut, wenn sie Ableitungen oder Beweise ausführt, an deren Ende sie schreibt: quod erat demonstrandum. Durch das *demonstrare* halten die Mathematiker Anschluß an uralte Monstranzen der Geltung. Beweise sind diese Zeigeformate wie ehedem Monstranzen, die auf Prozessionen die Gläubigen zum Kniefall zwingen. Solche Monstranzen können anfänglich, neben geometrischen Beweisen, vielfältig gestaltet sein. In der Antike handelt es sich z. B. auch um Lose (κλῆροι), die aus Tonscherben bestehen. Diese Stimmsteine werden bei einer Auslosung von ei-

---

[51]   Cf. Schelling, *Philosophie der Mythologie*, Bd. 1, op. cit., p. 115.

[52]   Schelling, *Philosophie der Mythologie*, Bd. 1, op. cit., p. 117.

nem Herold (κῆρυξ) allen Beteiligten gezeigt (δεῖξ'), damit irgendjemand, wie in der *Ilias* Ajas, genau den von ihm abgegebenen und jetzt gezogenen Stein für alle sichtbar durch Passung reidentifizieren kann (γνῶ δὲ κλήρου σῆμα ἰδών)[53]. Im Zufall dieser Passung wird eine höhere, den Beteiligten unverfügbare Macht, mantisch anerkannt. So kam per symbolischer Passung Geltung in die Welt, auch in Form einer Demokratie.[54]

Alle solche Zeigedinge bezeugen nämlich dasselbe: Wir können etwas ‚zeigen', d. h. allen ad oculos demonstrieren und in diesem Sinne ‚beweisen'. Und das heißt: Es gibt Geltung, d. h. Verbindlichkeitsverhältnisse, in die wir eintreten können, und sei es, um den Zufall als Erscheinung einer anders nicht zugänglichen höheren Macht zu inszenieren. Hier wird immer etwas spürbar als bindende Kraft, die nicht Menschenwerk ist, sondern aus der Dimension ihrer entzogenen Voraussetzungen wirksam ist.

Schelling hat solche Abstammungsverhältnisse noch am 17.1.1850 vor der Akademie der Wissenschaften zu Berlin unter dem Titel *Ueber die Quelle der ewigen Wahrheiten*[55] thematisiert. Wo ist die Quelle mathematischer Geltung zu suchen? Selbst wenn er sich hier, wie er einschränkt, „auf die Genesis der mathematischen Wahrheiten nicht einlassen [könne]"[56], gibt er doch Fingerzeige, wo diese zu verorten ist. Er diskutiert zwei Offenbarungskandidaten: göttliches Licht (lumen divinum) und das der Vernunft

---

53 Ilias VII, 189.

54 Cf. hierzu Wolfram Hogrebe, *Mantik und Recht*, in: ders., *Echo des Nichtwissens*, Berlin 2006, pp. 36 sqq.

55 Schelling, *Philosophie der Mythologie*, Bd. 1, op. cit., pp. 575 sqq.

56 Schelling, *Philosophie der Mythologie*, Bd. 1, op. cit., p. 579.

(lumen naturale). Sein spektakulärer Lösungsvorschlag ist: „Warum also nicht sagen, daß Gott selbst nichts anderes ist als diese ewige Vernunft, eine Meinung, die (...) alles Schwerbegreifliche mit einemmal entfernt?"[57] Indes: Die Probleme wären damit nicht restlos gelöst. Die Individualität des Göttlichen, so Schelling mit einem etwas unglücklichen Argument, steht strikter Allgemeinheit entgegen, menschliche Vernunft dem Kontingenten. „Denn wie auf der einen Seite der bloße göttliche Wille das Nothwendige und Allgemeine der Dinge nicht erklärt: so unmöglich ist es, aus reiner bloßer Vernunft das Zufällige und die Wirklichkeit der Dinge zu erklären."[58]

Um dieses wechselseitige Defizit in der Vereinbarkeit von Nezessitismus und Kontingenzialismus zu beheben, bemüht Schelling eine Verortung der mathematischen Geltung in einer ursprünglichen Koinzidenz von Denken und Sein. In eben dieser kommt allerdings dem Denken keine Priorität zu, sondern dem Sein. Dieses wird in einer Zone angesiedelt, „in der das Individuelle sich realisirt, d. h. sich intelligibel macht".[59] An dieser ‚intelligibilisierten‘ Faktizität hat man den Geltungssinn des Mathematischen ohne Index der Subjektivität. Und genau das muß geleistet sein, wenn man die Universalität der Geltung den Krakenarmen konstruktivistischer oder finitistischer Konzepte entziehen will.[60]

---

57 Schelling, *Philosophie der Mythologie*, Bd. 1, op. cit., p. 583.

58 Schelling, *Philosophie der Mythologie*, Bd. 1, op. cit., p. 584. Cf. hierzu meine Ausführungen zu Quentin Meillassoux in: *Der implizite Mensch*, Berlin 2013, p. 167 sqq.

59 Schelling, *Philosophie der Mythologie*, Bd. 1, op. cit., p. 588.

60 Den Rechtsgrund für diese objektivistische Wende Schellings, die auch heute noch relevant ist, hat Markus Gabriel

Dennoch bleibt auch dieses Lehrstück für Schelling
ein Teil seiner politischen Mythologie. So scheint es ihm,
verärgert über das Geschehen in der Paulskirche 1848, ein
„allgemeines Leiden der gesammten (...) deutschen Nati-
on zu seyn", sich so lange „unbekümmert über das Daß,
mit dem Was einer Verfassung sich zu beschäftigen".[61] Und
mit dieser finalen Einsicht seiner politischen Mythologie
beschließt er an dieser Stelle seine Ausführungen: „in dem
großen Gemeinwesen, das wir Natur und Welt nennen,
herrscht ein einziges, jede Vielheit von sich ausschließen-
des Daß; (...)".[62] Nicht *warum* etwas gilt, sondern *daß* es
gilt, ist zuletzt der einigende Sinn der Geltung, obwohl
sie uns ohne Gründe natürlich nicht zugänglich ist, die sie
sanft um sich versammelt. Das ist der Grundgedanke seiner positiven Philosophie, die die Reflexionsmodelle un-
terlaufen will. Die Erfahrung des ‚Daß‘ bleibt Sache eines
ursprünglichen, d. h. *kindlichen Gattungsempirismus*, als
dessen Sachwalter der späte Schelling seine *positive Philosophie* gegen Hegel aufstellt, die da gründet, wo wir noch
nicht nachdenken konnten.

In der politischen Mythologie Schellings ist es also in
der Tat der in die Geschichte eintretende Gott, noch in
vorhistorischer Zeit, der „als mächtige Anziehungskraft
wirkend, mit sanfter aber unwiderstehlicher Gewalt die

---

prägnant so formuliert: „Das Sein des Denkens geht dem
Denken des Seins notwendig voran, (...) Das Denken kann
sein Sein nicht hintergehen, da es sich ansonsten selbst auf-
höbe." (Markus Gabriel, *Der Mensch im Mythos*, op. cit.,
p. 277)

[61] Schelling, *Philosophie der Mythologie*, Bd. 1, op. cit., p. 589.

[62] Schelling, *Philosophie der Mythologie*, Bd. 1, op. cit., p. 590.
Hier zitiert Schelling am Ende Homer in der Aufnahme
durch Aristoteles: εἷς κοίρανος ἔστω.

Menschheit in den Kreis eingeschlossen, in welchem sie
zu erhalten ihm gemäß war".[63] Die ‚sanfte, aber unwider-
stehliche Gewalt', von der Schelling hier spricht, ist genau
der erste Modus der Geltung, der wirksam werden kann,
ohne kausal zu veranlassen. Diesen Begriff des Sanften verwendet Schelling als erster Philosoph überhaupt
nahezu terminologisch stabil.[64] Das Sanfte ist ein erster
Wirkungsmodus durch zwanglose Zuwendung, ‚besänf-
tigendes' Attribut des Geistes gegenüber seiner eigenen
trotzigen Vergangenheit als dem, was nur es selbst sein
will. Im Alltag kennen wir das Sanfte als Mäßigungsform,
die Anderes respektiert und bejaht. In dieser Fassung ist

---

[63] Schelling, *Philosophie der Mythologie*, Bd. 1, op. cit., p. 175.

[64] Seit der *Freiheitsschrift* (1809) wird das immer deutlicher. In
den *Weltaltern* (1813) heißt es: „der blinde Wille kann die
sanfte Freiheit nicht fassen" (F. W. J. Schelling, *Ausgewählte
Werke*, Schriften von 1813–1830, Darmstadt 1968, p. 142).
Sehr schön ist die Stelle in *Ueber den Zusammenhang der
Natur mit der Geisterwelt. Ein Gespräch*, in: F. W. J. Schelling, *Ausgewählte Werke*, Schriften von 1806–1813, Darm-
stadt 1968, pp. 429 sqq., hier p. 536: „Wo das Sanfte des
Starken Meister wird, da erst entsteht die höchste Schönheit." – Aus dem Blickwinkel von Schellings Wortgebrauch
ergibt sich übrigens ein auslegungsrelevanter neuer Blick
auf Adalbert Stifters Formel vom ‚*sanften Gesetz*' (Adalbert
Stifter, *Bunte Steine, Erzählungen*, Erster Band, *Vorrede*,
Pesth 1853, p. 19). Cf. zu Stifter die einfühlsame Studie von
Emil Staiger, *Reiz und Maß. Das Beispiel Stifters*, in: ders.,
Spätzeit. Studien zur deutschen Literatur, Zürich 1973, pp,
221–244. – Im Rückgriff auf das Sanfte hat in unserer Zeit
der niederländische Philosoph van der Wal eine fällige Neu-
justierung des modernen, d. h. ‚harten' Wertbewußtseins ge-
fordert (Koo van der Wal, *Die Umkehrung der Welt. Über
den Verlust von Umwelt, Gemeinschaft und Sinn*, Würzburg
2004, pp. 165 sqq. et passim).

es auch Dementi unserer fanatischen oder aufbrausenden Temperamente.

So kam es, daß schon in der Antike das Sanfte eine bemerkenswerte Sonderstellung erhielt. Platon läßt am Ende des *Phaidon* den Gefängnisdiener seinen Häftling Sokrates rühmen, der den Schierlingsbecher klaglos entgegennimmt: „Dich aber habe ich auch sonst schon in dieser Zeit erkannt als den edelsten, sanftmütigsten und trefflichsten von allen, die sich jemals hier befunden haben (...)."[65] Der Gefängnisdiener benutzt hier den Superlativ von πρᾶος, mild, freundlich, sanft. Er nennt Sokrates geradezu den πραότατον, den Sanftesten.

Im vierten Buch der *Nikomachischen Ethik* rühmt Aristoteles die πραότης, die Sanftmut, da sie dem Zorn entgegensteht. Franz Dirlmeier übersetzt hier allerdings mit ‚vornehmer Ruhe', denn sie sei es, „die die rechte Mitte in Hinsicht auf Erregbarkeit" ausmache.[66] In seinem Kommentar begründet er seine Übersetzung damit, daß πραότης hier deshalb nicht mit ‚Sanftmut' übersetzt werden dürfe, weil dadurch ein ‚quietistischer' Akzent ins Spiel komme, um den es Aristoteles gerade nicht gehe. Ja, in gewissen Fällen, sei ein begründeter Zorn, d. h. einer, der vom richtigen Logos gesteuert wird, sogar wünschenswert.[67] Sachlich ist das sicher korrekt, dennoch ist Dirlmeiers Übersetzungsalternative nicht brauchbar. Von ‚vornehmer Ruhe' könnte man bei Platon in der Gefängnisszene keinen Gebrauch machen, sie klingt einfach zu

---

[65] Platon, *Phaidon* 116c.

[66] Aristoteles, *Nikomachische Ethik* 1125b 26, in: ders., *Werke*, ed. Hellmut Flashar, Bd. 6, übers. und kommentiert von Franz Dirlmeier, Berlin 1983, p. 86.

[67] Dirlmeier, op. cit., p. 384.

aristokratisch. Dirlmeier liest ‚Sanftmut‘ wohl selber zu quietistisch und übersieht dabei völlig das anteilnehmende Moment dieser Haltung. Olof Gigon übersetzt πραότης daher mit vollem Recht wieder mit ‚Sanftmut‘.[68]

Hiernach kommt Geltung in die Welt, indem die Menschheit sich einem *real unknown* subordiniert. Indem Menschen sich dieser anonym anziehenden Macht fügen, individualisieren sie sich per Selbstfindung paradoxerweise unter Bedingungen, die ein Dementi der Individualität, des Selbst sind. In diesem anziehenden Bann entwickelte sich jedenfalls die epistemologische Karriere des Homo sapiens im Modell Schellings. Das Göttliche ist bei ihm der Attraktor, ohne den das Phänomen der Geltung nicht zur Welt gekommen wäre, anfänglich bedingungslos wirksam, später immer schwächer, weil Opfer eines hemmungslosen Subjektzentrismus, bis in der Moderne dieser verpflichtende Hintergrund völlig zu verblassen im Begriff ist. Die geistige Verfassung des Menschen, narzißtisch gekränkt, wehrt sich zunehmend gegen ihre Voraussetzungen, die ja nicht ihre Tat waren. Hiergegen machte ein eitel gewordener Rationalismus der Neuzeit mobil. Deshalb erschien fortan das, was den Eintritt Gottes in die Geschichte zur Folge hat, nämlich der Geist als egomane Verfassung des Menschen, zugleich als ein ἀντίθεον, d. h. als Gegengöttliches: Geist, selber göttlichen Ursprungs, wird zum *deus contra deum*, über das Carl Schmitt und Hans Blumenberg im Anschluß an Goethe gehandelt haben.[69]

---

[68] Aristoteles, *Die Nikomachische Ethik*, übers. und hrsg. von Olof Gigon, München 1972, p. 143.

[69] Cf. Schelling, *Philosophie der Mythologie*, Bd. 1, op. cit., p. 460: „Wenn göttlich, da doch nicht Gott, ist der Geist zu-

Bei Schelling ist es schon die Offenbarung selbst, die gegengöttlich ist, d. h. das Entstehen der szenischen Existenz des Menschen, sein Heraustreten in eine ‚grundierte' Dimension, in der erkannt werden kann. Denn erst hier, so Schelling, „entsteht Episteme".[70] Was ihn in diese Zone hineinzog, gehörte in seine eigene Vergangenheit, die ihn erst quälte, um ihn dann adeln zu können. Aber eben deshalb wird er sie, und er muß es tun, inskünftig verleugnen wie Petrus.

Die Genesis der Geltung gründet bei Schelling also in einer Zersetzung der evolutionär überkommenen Architektur der Psyche. Sie, instinktentlastet, gerät außer sich, gewahrt etwas, was ihr vollkommen entzogen ist und sie gerade deshalb bannt. Das Residual dieser Erfahrung bleibt auch dann erhalten, wenn sie sich hernach in einheitsversichernden Einhausungen stabilisiert. Das Geltende ragt als ein nicht einholbares, aber eben deshalb anziehendes Ehedem in die geltende Kraft von Beweisen, Schlüssen und politischen Formaten, die auf Gemeinschaftlichkeit ausgelegt sind, hinein.

---

gleich als das Gegengöttliche bezeichnet, als das ἀντίθεον im Sinne Homers, der seine herrlichsten Helden, aber nicht weniger den Kyklopen so benennt, der von sich selber sagt: Nichts gilt ja den Kyklopen der Donnerer, Zeus Kronion, noch die seligen Götter; denn weit vortrefflicher sind wir." (*Odyssee* IX, 275–76.).
Zur Auseinandersetzung von Carl Schmitt und Hans Blumenberg cf. Carl Schmitt, *Politische Theologie* II, *Die Legende von der Erledigung jeder Politischen Theologie*, Berlin 1970; Hans Blumenberg, *Arbeit am Mythos*, Frankfurt/M. 1979.

[70] Schelling, *Philosophie der Mythologie*, Bd. 1, op. cit., p. 265.

Nicht wir produzieren Geltung, sondern nehmen sie
komparativ in Anspruch, z. B. in ersten quantifizierenden
Versuchen, entstanden aus ungezügelten Ähnlichkeits-
registraturen, hernach in freigelegten Gelingensbedin-
gungen operativen Handelns, Sprechens und politischer
Institutionen. Das Geltende ist gerade das Göttliche, so
lautet die Devise der politischen Mythologie Schellings.
Aber die geltende Potenz wird schwächer und schwächer.

Die Folgen dieses Abschwächungsprozesses hat
Schelling nicht mehr bedacht. Sie manifestieren sich in
den Arabesken einer *Dialektik der Aufklärung* bis zum
erneuten Eintritt in den Taumel einer nahezu geltungs-
losen Zeit in der *posthistoire*. Damit aber wäre das Ende
der Menschheit als Vollstreckung der Eigendynamik ihrer
rationalen Architektur eingeläutet. Die anziehende Kraft
des Außer-uns verliert sich im Portfeuille des Könnens
des Menschen. Aber gerade an diesem droht er am Ende
zu scheitern, ohne daß ihm klarwürde, warum und wieso.
Damit realisiert sich das bittere Ende Torquato Tassos in
der Version Goethes:

> *So klammert sich der Schiffer endlich noch*
> *Am Felsen fest, an dem er scheitern sollte.*[71]

4. Schelling oder Hegel?

Die Wirkung des Sanften ist bei Schelling nicht nur wesentlich für die Selbstdomestikation des Homo sapiens,
sondern vordem schon Form einer Selbstdomestikation
Gottes selbst. Das ist eines der schwierigsten Lehrstücke
seiner späten Philosophie, aber wir sind dafür gerüstet.

---

[71] Johann Wolfgang von Goethe, *Werke* (Hamburger Ausga-
be), Bd. 5, p. 167, V. 3452–3453.

Wir bringen in unseren selbstexplikativen Bemühungen gewiß die Idee mit, daß alles entstanden sein muß, d. h. aus einem Milieu stammt, in dem noch nichts eigentlich existiert. Wo halten wir uns mit diesem Gedanken auf? In einer diffusen Dimension vor der Entstehung der Welt. Diese ist zwar leer, sollte aber wenigstens das Potential haben, daß aus ihr alles entsteht. Hegel charakterisiert diese Dimension in seiner *Logik* mit der bekannten Bemerkung: „Es ist noch Nichts und es soll Etwas werden. Der Anfang ist nicht das reine Nichts, sondern ein Nichts, von dem Etwas ausgehen soll; das Sein ist also auch schon im Anfang enthalten."[72]

Dieser sehr spekulativ anmutende Gedanke ist keineswegs so exotisch wie er klingt. Ihn bringt jeder mit, wenn er nur nachdenkt. Dazu braucht er kein Wissenschaftler zu sein oder aus aparten Erkenntnisquellen schöpfen. Er muß nur bereit sein, seine eigene rationale Architektur einer Selbstexplikation zu unterziehen, die aufs Ganze geht. Wenn wir dazu bereit sind, werden wir diese leere Dimension als diejenige zu bezeichnen haben, in der nichts ist, was Gegenstand eines Intendierens sein könnte. Wir befinden uns in einer Dimension, für deren Gegenstände kein Intendieren zur Verfügung steht. Was wir haben, ist bestenfalls ein nicht-intendiertes, nur sich selbst intendierendes Es, das unseren intentional zugänglichen Noemata jedenfalls zuvorgekommen sein muß. Dieses Es ist alles, was wir hier haben, aber aus ihm muß sich alles ergeben. An dieser Stelle gabeln sich die Einsatzmöglichkeiten unserer Selbstexplikation.

---

[72] G. W. F. Hegel, *Wissenschaft der Logik*, Erster Teil, in: *Werke*, eds. Moldenhauer/Michel, Bd. 5, Frankfurt/M. 1969, p. 73.

Wir könnten *erstens* beginnen mit einem Es, das wir als das reine Sein fassen, demgegenüber Profile des Prädikativen noch nicht zur Verfügung stehen. Das ist der Einsatz Hegels und er folgt damit der Matrix der *Substanzlehre* von Aristoteles, in deren Rahmen der Übergang von der ersten zur zweiten Substanz von Hegel dialektisch, d. h. in einer kreativen Identitätsrelation, den Abgrund des Nichts überbrückend, ,angehalten' wird, um einem Werden zu geben, was des Seins und des Nichts alleine nicht ist. Dialektik hält den zerstörerischen Kollaps der Extreme ineinander auf und ist in diesem verständigungsrettenden Sinn das paulinische κατέχον im Sinne Carl Schmitts.

Oder wir beginnen *zweitens* mit einer Ur-Möglichkeit, die sich in prädikativ charakterisierbarer Weise noch nicht realisiert hat, beginnen also mit einem bloß Sein-Könnenden. Das ist der Einsatz Schellings und er folgt damit der Matrix der *Dynamislehre* von Aristoteles. Was immer etwas ist (wir können es noch nicht wissen), es könnte dies oder jenes sein, aber wenn es wirklich das oder jenes *ist*, dann muß ich das auch ausdrücklich, d. h. *cum emphasi* betonen, schriftlich durch Kursivierung.[73] Hierin gründet die Expressivität des Kosmos und des Menschen.

Beide Konzeptionen sind in Bewegung: Hegel, indem er die Substanz des Aristoteles verflüssigt, bis sie wie der feste Boden für den Trunkenen schwankt.[74] Schelling, in-

---

[73] Cf. hierzu Wolfram Hogrebe, *Sein und Emphase*, in: ders., *Die Wirklichkeit des Denkens*, Heidelberg 2007, pp. 52 sqq.

[74] Cf. G. W. F. Hegel, *Phänomenologie des Geistes*, ed. Johannes Hofmeister, Hamburg 1952², p. 39: „Das Wahre ist so der bacchantische Taumel, an dem kein Glied nicht trunken ist, (…)." Und p. 50: „Der feste Boden, den das räsonnierende Denken an dem ruhenden Subjekte hat, schwankt also (…)."

dem er die wilden Produktivkräfte der Natur ontokreativ besänftigt und als erster über ein seinsverträgliches Evolutionstempo nachdenkt.[75] Hegel animiert die Substanz, um in Bewegung zu kommen. Schelling kondensiert die Möglichkeiten, um zur Substanz zu kommen. Beide sind Rückübersetzer einer intelligiblen Faktizität, die uns allen geläufig ist. Sie übersetzen ihre Strukturen zurück in die spekulative Heuristik ihrer Selbstfindung.

Wer hier im Recht ist, ist also eine Frage an Aristoteles, und wir können sicher sein, daß er mit einer differenzierenden Rückfrage replizieren würde: Was willst Du? Mit Hegel ein Startgeschehen aus der Struktur der Substanz? Dann mußt Du anschließend die Flüsse zum Fließen bringen. Oder möchtest Du mit Schelling ein Startgeschehen aus der Struktur des Möglichen? Dann mußt Du anschließend ein exzessives Evolutionieren retardieren und ausbalancieren. Hegel gewinnt aus der Substanz Möglichkeiten, Schelling aus Möglichkeiten die Substanz.

Beide Fragen haben ihr Eigenrecht und müssen daher in ihrem Eigensinn traktiert und beantwortet werden. Das ist kein Relativismus, sondern wieder eine Zärtlichkeit gegenüber einem bloß schwebenden Einen, das wir

---

[75] F. W. J. Schelling, *Erster Entwurf eines Systems der Natur* (1799), in: ders., *Schriften von 1799–1801*, Darmstadt 1967, p. 102: „Um nun zu erklären, wie die Produktion der Natur ursprünglich auf ein Bestimmtes gerichtet sey (…) muß allerdings in jener unendlich-produktiven Thätigkeit etwas Negatives angenommen werden, (…) was die Evolution der Natur hemmt [retardirt] (…).“ Dieses Retardierende, so Schelling, sorgt dafür, „daß die Natur überhaupt mit endlicher Geschwindigkeit sich evolvirt, (…).“ Cf. hierzu Wolfram Hogrebe, *Schwermut*, in: ders., *Echo des Nichtwissens*, Berlin 2006, p. 282.

verschonen sollten, ohne die fragilen Strukturen, in die
es sich fügen muß, zu mißachten. Der Adel stammt zwar
letztlich immer aus Strukturen, d. h. aus dem Allgemeinen, aber das berechtigt nicht zur Diktatur über das Einzelne, sondern nur zu einer sanften Anziehung der impliziten Anteile des Individuellen am Allgemeinen, Anteile,
ohne die auch das Individuelle gar nicht existieren könnte, sondern wie ein bloßer Seinsfunken sofort verblitzen
müßte.[76] Hier macht sich kreativ wieder eine gemeinsame
Herkunft und Erbschaft bemerkbar. Denn Individuelles
und Allgemeines gründen ja zuletzt beide in einem Surrealen. Am Möglichen zerreibt sich das Sein, um sich vor
dem Absturz ins Nichts heillos ins Werden zu retten.

---

[76] Das ist der Grund, warum Denker wie Jacobi das Individuelle nicht als ein x-ignotum stehenlassen, sondern in einer allgemeinheitsgetränkten *façon* vorstellig machen, die
sich „nicht ‚erklären‘, sondern nur ‚enthüllen‘ [läßt]“. Birgit Sandkaulen, ‚*Individuum est ineffabile‘. Zum Problem
der Konzeptualisierung von Individualität im Ausgang von
Leibniz*, in: Wilhelm Gräb/Lars Charbonnier (eds.), *Individualität. Genese und Konzeption einer Leitkategorie huma-
ner Selbstdeutung*, Berlin 2012, pp. 153–179, hier p. 175.

II. Expressive und begriffliche Dimensionen des Surrealen

Bis um 1800 stritten die Philosophen um die Legitimation unserer Erkenntnismöglichkeiten, wie sie mit empirischen, mathematischen oder logischen Verfahren äußerst produktiv zum Einsatz kamen. Die Philosophie verlängerte die Erkenntnisbilanz dieser Verfahren, von Ausnahmen wie Leibniz abgesehen, in der Regel nicht, sondern achtete nur darauf, *wie* in diesen Bereichen rechtens vorgegangen wird. Sie war also zumeist strikt erkenntnisanalytisch verfaßt. In dieses Profil nahm sie auch unbefangen psychologische Einsichten auf, um Kontexte der Erkenntnisfindung (*contexts of discovery*) mit einbeziehen zu können.

Erst um 1800 wendete sich das Blatt und zwar in Jena. Hier entwickelten Fichte, Schelling und Hegel ein für damalige und noch heutige Verhältnisse gänzlich neues Methodenbewußtsein der Philosophie, indem sie auf verschüttete Traditionen eines spekulativen Vernunftgebrauchs zurückgriffen und diese in unerhört attraktiver Weise erneuerten, ein Format des philosophischen Denkens, dem wir immer noch hinterherhinken. Schon bald nach 1830 hielt sich dieses neu errungene Verständnis der Philosophie allerdings nicht mehr und geriet zunehmend unter die Räder der aufblühenden Naturwissenschaften. Aber ihr unerhörter Eigensinn ließ sich nicht annullieren, selbst da nicht oder genauer: gerade auch da nicht, wo die Fahrwasser der Philosophie von Nietzsche in das

Bett eines universellen Sinnlosigkeitsverdachts umgeleitet wurden oder von Dilthey in das Bett eines robusteren Verhältnisses zum Leben.

Das Merkwürdige ist, daß das intellektuelle Geschehen im nachfolgenden 20. Jahrhundert insgesamt dennoch ohne diese seinerzeit alsbald stornierte Repristinierung eines spekulativen Vernunftgebrauchs nicht gut plausibel gemacht werden kann, obwohl die Agenten von dieser Erbschaft kaum noch etwas ahnten. Das gilt nicht nur für Wissenschaften wie Physik und Psychologie, auch für exotische Konzepte der visuellen Künste, für Literatur, Film und Musik des 20. Jahrhunderts. Ein Paradebeispiel für diese untergründige Erbschaft bietet der Surrealismus.

Man kann nicht sagen, daß der Surrealismus, wie er um 1920 hauptsächlich in Paris und Prag hervortrat, aus dem Nichts geboren wurde. Eine Bewegung wie Dada ging in Zürich unmittelbar vorher, literarische Exponenten einer abundanten Phantastik schon im ausgehenden 19. Jahrhundert, dann in Prag mit Franz Kafka und längst zuvor schon in der deutschen und französischen Romantik. Auch könnte man Richard Wagner zu einem musikalischen Vorläufer des Surrealismus zählen. Dennoch erhielten diese Entgrenzungsbemühungen erst im konzeptuell ambitionierten Surrealismus um 1920 in Paris eine Stimme und ein begriffliches Relief, das in seiner programmatischen Bedeutung einigermaßen belastungsfähig war. Was hier geschah, erlaubt auch einen aufhellenden Blick zurück. Und um eben einen solchen soll es hier gehen.

1. Die Eroberung des Irrationalen durch Expressivität

Warum der Surrealismus in seiner philosophischen Bedeutung auch heute noch virulent ist, erläutert Ralf Konersmann mit einer pointierten Kennzeichnung, die wie eine Fanfare die verschlafenen Gemüter unserer Zeit aufwecken sollte: Der Surrealismus „erweitert (...) die Faktizität des Endlichen um die Variablität unausschöpfbarer Möglichkeiten".[77] Es mag sein, daß das nahezu für alle expressiven Formate der Kunst gilt. Konersmann betont hier aber zu Recht, daß der Surrealismus in seiner Zielsetzung einen Anspruch erhebt, „der über bloß künstlerische Absichten entschieden hinausgeht".[78] Das dokumentiert sich auch in einer der vielen, zumeist etwas lauten Mitteilungen von André Breton.[79] So betont

---

[77] Ralf Konersmann, Stichwort *Surrealismus*, in: *Historisches Wörterbuch der Philosophie*, eds. Joachim Ritter/Karlfried Gründer, Bd. 10, Basel 1998, p. 681–687, hier: p. 682. – Ich beabsichtige übrigens nicht, in diesem Kapitel eine Geschichte des Surrealismus zu geben, sondern ihn nur so hervortreten zu lassen, wie er als Gesprächspartner für die Philosophie von Wert und Bedeutung ist. Auch sind mit der Vorstellung von einzelnen Surrealisten keine Bewertungen verbunden. So ist der ausführlicher vorgestellte Salvador Dalí philosophisch einfach ergiebiger als andere. Dennoch könnte man die Bilder z. B. von Max Ernst den Werken Dalís ästhetisch vorziehen, wozu ich jedenfalls neige.

[78] Ibid.

[79] Breton gebärdete sich wie der große Dompteur der surrealistischen Temperamente. Sein einziges Interesse war, wer noch zum ZK dieser Vereinigung gehören darf und wer nicht. Paul Valéry, um den Breton geradezu buhlte, ist der Vereinigung nie beigetreten. Er war Breton intellektuell

er einmal, daß der Surrealismus sich „von Anfang an in einer Position [sähe], in der die Philosophie übertroffen wird".[80] Dieser Ehrgeiz ist brutto interessant, aber netto natürlich nur vermessen.

Dennoch ist diese Selbsteinschätzung aussagekräftig. Sie wird gestützt durch den Befund, daß der Surrealismus, obwohl er am Anfang des 20. Jahrhunderts auf seinen Avantgarde-Charakter sehr stolz war, sich eine Vorgeschichte zurechnete, zu der nach André Breton nicht nur die Psychoanalyse, der deutsche Idealismus, und die deutsche und französische Romantik[81], sondern ebenso

derart überlegen, daß es für Valéry geradezu ein *sacrificium intellectualis* gewesen wäre, hätte er sich unter dessen Fahne begeben. Sein überzogenes Selbstbewußtsein artikuliert Breton so: „Ich blicke umher und suche, mit wem noch ein Zeichen des Einverständnisses auszutauschen wäre, aber nein: niemand." (André Breton, *Zweites Manifest des Surrealismus* (1930), in: ders., *Die Manifeste des Surrealismus*, dt. von Ruth Henry, Reinbek bei Hamburg 1968, p. 88) Zudem war er ein Meister der indirekten Selbstberühmung. Das bezeugt sein Eingehen auf eine ebenfalls überzogene Kritik von René Daumal an Lautréamont (in der Zeitschrift *Le Grand Jeu*). Daumal bezichtigt Lautréamont einer ‚*unaufhörliche[n] Betrachtung einer schwarzen Evidenz, gebieterischen Maules*'. Breton: „wir stimmen überein, dazu sind wir wirklich verdammt." (op. cit., p. 88) Genau genommen: nicht wir, nur er. Cf. Maurice Nadeau, *Geschichte des Surrealismus* (1945), Hamburg 1986, p. 220: „Entweder gewährte er großzügig das Etikett ‚Surrealismus', oder er verweigerte es, manchmal sogar nachdem er es gewährt hatte."

[80] André Breton, *Zweites Manifest des Surrealismus* (1930), op. cit., p. 68.

[81] Zur Aufnahme von Brentano, von Arnim, Novalis u. a. in den Gesichtskreis der französischen Surrealisten bietet Karl

auch schon die *Ars combinatoria* des katalanischen Philosophen Raimundus Lullus (um 1232–Anfang 1316), und noch tiefer die Gnosis (ca. 2./3. Jhdt. n. Chr.) gehörten.

Solchen Vergangenheitszurechnungen sollte man allerdings mit Skepsis begegnen. Tatsache ist jedoch, daß die vom Surrealismus propagierte Entsubjektivierung der Kreativität wirklich auf Raimundus Lullus zurückgeht.[82] Die von den Surrealisten in variantenreicher Form praktizierte *écriture automatique* steht in der Tat im Erbschatten des mallorcinischen Katalanen, wie bekanntlich ebenso die maschinell ausgeführten und uns heute geläufigen digitalen Operationsmaschinen vom Typ Computer. Tatsache ist jedoch auch, daß der Surrealismus diese Idee eines subjektfreien, automatischen Schreibens als Stimme des Unbewußten auch aus der damaligen französischen Psychiatrie, genauer von Pierre Janet (1859–1947), übernommen hatte.[83] Diese Entsubjektivierungstendenz machte sich nach Heinrich von Kleist[84] auch Franz Kafka

Heinz Bohrer aufschlußreiche Beobachtungen. Cf. ders., *Die Kritik der Romantik. Der Verdacht der Philosophie gegen die literarische Moderne*, Frankfurt/M. 1989. Hier insbes. Kap. II *Das Phantastische der Surrealisten*, pp. 39 sqq.

[82] Cf. hierzu Salvador Dalís Bild *Der Tod des Raimundus Lullus* (1963). Cf. ferner Salvador Dalí, *Phänomenologische Aspekte der paranoisch-kritischen Methode*, in: ders., *Die Eroberung des Irrationalen* (1971), trad. Brigitte Weidmann, Frankfurt/Berlin/Wien 1973, pp. 32 sqq., hier p. 41 (Zitat Dalí von Imperio Montès): „DALÍ ist das Wesen, das dem erzengelgleichen Raimundus LULLUS am nächsten kommt."

[83] Cf. Ralf Konersmann, loc. cit.

[84] Cf. Heinrich von Kleist, *Penthesilea*, Vers 3025 sqq.:
„... jetzt steig ich in meinen Busen nieder,
Gleich einem Schacht, und grabe, kalt wie Erz,
Mir ein vernichtendes Gefühl hervor."

im Rückgriff auf ungeschriebene Rechtsverhältnisse zu-
nutze, die realitätsbeinflussend sind, ohne doch zugäng-
lich zu sein. Für den französischen Surrealismus wurden
Arthur Rimbaud und dessen *lettres du voyant*, Briefe des
Sehers (12./15.5.1871) maßgeblich, da hier erstmals das
Ich in einem kreativen Es verschwindet.

Ralf Konersmann definiert den Surrealismus also korrekt als eine selbst in unserer Zeit noch nicht abgegol-
tene Erweiterungsbewegung, durch die jede Form einer
bloß mittelständischen Rationalität gesprengt wird. Die
vorfindliche Faktizität wird um unabsehbare Varianten
bereichert, Vertrautes um Unvertrautes, Bekanntes um
Unentdecktes, Zivilisationsreste um auratische Konstel-
lationen. Positivitäten werden also in einen nicht festgelegten Horizont von Möglichkeiten hineingehalten und
gewinnen gerade hier völlig unvermutete Konturen oder
Ergänzungen.

Der Witz ist daher, daß der Surrealismus den robusten
Realismus unseres Alltags keineswegs verneinen muß,
er stellt ihn nur in Horizonte ein, die uns allenfalls aus
hemmungsloser Phantasie und Imagination, aus Traum-,
Rausch- und Wahnerfahrungen als Stimmen eines Unbewußten zugänglich sind. Immer geht es darum, wie André Breton an einer seltenen Stelle wirklich schön formu-
lierte, mit solchen „Erweiterungen (…) direkt in das Herz
des *Endlichen* einen Stern einzusetzen".[85]

Der Surrealismus hat sich also programmatisch auf ein
neues Realitätsverständnis festgelegt. Er verneint nicht

(Heinrich von Kleist, *Sämtliche Werke und Briefe*, ed. Hel-
mut Sembdner, Bd. 2, München 1968, p. 257)
[85] André Breton, *Nadja* (1928), übers. von Max Hölzer (1960),
Frankfurt/M. 1974, p. 120.

den Realismus unseres Alltags, hält diesem allerdings nur den Status eines ziemlich ärmlichen Segments der Realität zugute. Für ihn ist der landläufige Realismus ein Realismus der Faulheit. Wir sind ja tatsächlich normalerweise von einem Realitätsverständnis regelrecht ‚benommen‘, das darauf geeicht ist, daß unsere Sichtweisen und unser routinierter Weltumgang nicht gestört werden, sondern in der Gleichförmigkeit des Üblichen sich dumpf versichert fühlen darf. Gerade dagegen versteht sich der Surrealismus als Revolte, nicht als eine die man auf der Straße anzetteln müßte, sondern als eine solche, die für Überraschungen, ja Schocks in der Wahrnehmung des Realen, d. h. für unabsehbare Möglichkeiten des Realen, sensibel ist.[86] In diesem Sinne hat Giorgio de Chirico, wie Breton mitteilt, „erkannt, daß er nur malen konnte, wenn er selbst von einer gewissen Anordnung der Gegenstände *überrascht* (als erster überrascht) war, und daß das ganze Rätsel der Offenbarung für ihn in dem Wort ‚überrascht‘ lag“.[87]

---

[86] In diesem Sinne muß man wohl auch den berüchtigten ‚Revolver-Satz‘ von Breton im Zweiten Manifest des Surrealismus (1930) verstehen: „Die einfachste surrealistische Handlung besteht darin, mit Revolvern in den Fäusten auf die Straße zu gehen und blindlings soviel wie möglich in die Menge zu schießen.“ (André Breton, *Die Manifeste des Surrealismus*, op. cit., p. 56)

[87] André Breton, *Nadja*, op. cit., p. 12. Man hat dieses Überraschungsmoment als Anzeichen einer profanen Erleuchtung gedeutet (Walter Benjamin), auch mit dem Zuspruch des Seins des späten Heidegger. So kommt es, daß Hans Ulrich Gumbrecht seinen gehaltvollen Aufsatz zum Surrealismus mit der erstaunlichen Bemerkung schließen kann: „Solange die Ontologie des späten Heidegger intellektuell Resonanz findet, kann der Wesenskern des Surrealismus nicht ganz er-

Der Surrealismus konfrontiert uns mit einem neuen Arrangement der Welt, um ihr faktisches Arrangement als ebenso faszinierend würdigen zu können. Die uns bekannten Ausschnitte des Seienden, die wir in ihrer Gesamtheit als Welt bezeichnen, sind im Spektrum ihrer unauslotbaren Komplexität ebenso unwahrscheinlich wie ihre Varianten in der Phantasie. Der Surrealismus ist so gesehen die Weltsicht von Möglichkeitsmenschen, wie sie Robert Musil in seinem Roman *Der Mann ohne Eigenschaften* (1930) vorstellig gemacht hat.

Man darf übrigens sagen, daß das Format unabgeschlossener Möglichkeiten, wie es der Surrealismus visualisiert hatte, seinerzeit geradezu eine Signatur des Zeitgeistes war, die bis heute unterirdisch wirksam geblieben, jedenfalls intellektuell noch längst nicht domestiziert ist. Historisch verknüpften sich mit dieser Signatur die Erfindung der Modallogik und ihr Konzept möglicher Welten durch Oskar Becker (1930) und Clarence Irving Lewis (1932), die Entwicklung nicht-klassischer, ja schließlich parakonsistenter Logiken (Priest u. a.), die Auswechslung paradigmatischer Bilder (statt Baum Rhizom oder Koralle durch Deleuze, Guattari und schon Darwin, wie wir von Horst Bredekamp wissen), die Einbeziehung von Wahrscheinlichkeiten in die Physik zum Ärger von Albert Einstein durch Werner Heisenberg (1927) und heute das Möglichkeitsdenken von Quentin Meillassoux[88], um

---

kaltet sein." (ders., *Surrealismus als Stimmung*, in: Friederike Reents (ed.), *Surrealismus in der deutschsprachigen Literatur*, Berlin/New York 209, pp. 23–34, hier p. 34)

[88] Cf. ders., *Après la finitude*, Paris 2006; cf. dazu Wolfram Hogrebe, *Der implizite Mensch*, Berlin 2013, pp. 167 sqq. Zum Profil dieses neuen Möglichkeitsdenkens gehört auch die rezente poetologische Studie von Andreas Kablitz, *Kunst*

nur wenige Beispiele zu nennen. Im Surrealismus weicht der überkommene Nezessitismus einem neuen Kontingenzialismus, der sich dennoch einem geheimen, nicht wißbarem Gesetz verpflichtet weiß.

Die Summe der Moderne ist, ob es gefällt oder nicht, jedenfalls surreal: In Formen von Ausschreitungen in ungeahnte Möglichkeiten, keineswegs willkürlich, sondern den Sachzwängen einer Komplexität der Verhältnisse gehorchend, die solche Erweiterungen aus Gründen einer Sachadäquatheit empfehlen, ohne allerdings der Sache Herr werden zu können. Hier schlummerte und erwachte die Idee eines Realismus nicht mehr wie bis Kant aus subjektivem Vermögen, sondern wie seit Schelling aus schierem Unvermögen.

Damit war und ist im Lernprozeß der Menschheit zweifellos ein neues Niveau erreicht, das, wie schon bemerkt, noch keineswegs abgearbeitet ist. Seinerzeit waren auch etliche Künstler, die häufig zugleich Theoretiker des Surrealismus waren, in erstaunlichem Maße durch philosophische Konzepte der Tradition stimuliert, und zwar häufig solchen, die aus der Erbschaft des Neuplatonismus stammen. Gerade dieser erwies sich dem neuen Denken als verwandt, da er in unerhörter Weise über ein Positivitätsdenken hinaus war.[89] Man hat ihm das häufig als

---

des Möglichen. Theorie der Literatur, Freiburg/Berlin/Wien 20013. Die Pointe dieses Buches liefert der Schlußsatz: „Die Bedeutung eines literarischen Textes ist stets unabsehbar, und sie ist ebensowenig evident. Aber genau darum bedarf es der Interpretation." (op. cit., p. 267)

[89] Natürlich steht hier im Hintergrund Platon. Cf. hierzu Enrico Müller, *Alogia und die Formen des Unbewußten: Euripides – Sokrates – Nietzsche*, in: Jutta Georg/Claus Zittel (eds.), *Nietzsches Philosophie des Unbewußten*, Berlin/Bo-

Fluchtbewegung aus der Welt angekreidet, de facto holte er im spekulativen Ausgriff aber nur ein, was zur ultimativen Voraussetzung des Denkens gehört, um dieser Welt in ihrem Möglichkeitsspielraum erkennend gerecht werden zu können, was epistemisch nie gelingt, aber experimentell, d. h. spekulativ erprobt werden kann.

Hugo Ball (1886–1927), mit Hans Arp, Tristan Tzara und Marcel Janco Begründer der Dadaismusbewegung (Züricher *Cabaret Voltaire*), hat diese Tradition aufgegriffen. Er übernahm zunächst Anregungen aus Schriften von Michail Bakunin (1814–1876), der in jungen Jahren noch dem alten, neuplatonischen Schelling in Berlin gehuldigt hatte.[90] Dem Anarchismus Bakunins verband sich für Hugo Ball dann in seiner späteren Zeit ein Impuls zu Ausgriffen ins Surreale über die Schriften von Dionysios Areopagita.[91]

Weniger bekannt ist in diesem Kontext allerdings der Maler und Kunsttheoretiker Wolfgang Paalen (1905–1959). Er kam, in Wien als ältester Sohn des jüdischen Kaufmanns Gustav Robert Paalen geboren, über Stationen in Berlin und München 1933 nach Paris, wo er 1936 Mitglied der Surrealistengruppe wurde. Mit Mar-

---

ston 2012, pp. 11–30, p. 11: „Sie [die Alogia, W. H.] drängt zum Logos hin und geht ihm zugleich voraus – es verbleibt aber stets in ihr ein vom Logos nicht einholbarer Rest."

[90] Manfred Frank hat als erster darauf aufmerksam gemacht. Cf. zuletzt Sigrun Bielfeldt, *‚Der schwere Schritt in die Wirklichkeit'. Schelling und Bakunin*, München/Berlin 2012.

[91] Cf. Hugo Ball, *Byzantinisches Christentum. Drei Heiligenleben*, München 1923. – Zur Kritik an dem protestantisch-beengten intellektuellen Klima in Deutschland cf. ders., *Zur Kritik der deutschen Intelligenz*, Bern 1919; neu hrsgg. von Bernd Wacker, Göttingen 2011.

cel Duchamp kuratierte er hier 1938 die Internationa-
le Ausstellung des Surrealismus in der Galerie Beaux-
Arts.[92] 1939 emigrierte er nach Südamerika und lebte in
den vierziger Jahren vor allem in den USA, hatte dort,
gefördert von Peggy Guggenheim, maßgeblichen Einfluß
auf die Exponenten des abstrakten Expressionismus wie
z. B. Mark Rothko, Barnett Newman und Jackson Pol-
lock u. a. Nach dem Krieg kam er 1952 wieder nach Paris,
ließ sich dann 1954 in Mexiko nieder, wo er 1959 manu
suo starb. Auch Paalen entwickelte seine Kunsttheorie[93]
zum Teil im unscharfen Schatten des Neuplatonismus,
hier insbesondere Plotins. Zentralkategorie für Paalen ist
nämlich der Begriff der Möglichkeit (δύναμις, τὸ δυνατόν),

---

[92] Cf. den Ausstellungskatalog *Moderne auf der Flucht. Öster-
reichische KünstlerInnen in Frankreich 1938–1945* (Jüdisches
Museum Wien), ed. Andrea Winkelbauer, Wien 2008.

[93] Cf. Wolfgang Paalen, *Im Inneren des Wals*, ed. Andreas Neufert, Wien/New York 1999. Eine ganz vorzügliche
Vorstellung von Paalens Möglichkeitsdenken bieten Andreas Neufert und Robert Linsley, *Abstraction and Possibil-
ty Space. A Conversation*, Vancouver 2007 (cf. auch http://
abstraction.uwaterloo.ca). Die auch politische Bedeutung
des surrealistischen Möglichkeitsdenkens im Sinne Paalens
verdeutlicht Neufert hier so: „As we live in this world of
explicit realism, a world of immediately realized objects and
images available for our use, the space for the world-making
processes, the arts, also has to be a realized object. It holds
the promise of a world *in statu nascendi*, yes, but the fact that
we buy and consume it as an accomplished object is stron-
ger than this promise. No one wants to let themselves in for
dissolving enigmas anymore or to take the unknown as the
starting point for a personalized dialogue, and this leads to a
growing ignorance of the self." (op. cit., p. 6)

den er mit Plotin[94] als Voraussetzung für eine nicht limi-
tierte Ausbildung von Form und Gestalt auffaßt. So wurde der Neuplatonismus zur *undercover*-Theorie des Surrealismus. Diesem Projekt war auch das Kunst-Magazin
DYN gewidmet, das Paalen von 1942 bis 1944 in sechs
Lieferungen in Mexico City herausgab.[95]

Damit setzte er sich auch von dem zunehmend ideologisch werdenden Programm von André Breton ab. Dieser reagierte als Diva des Surrealismus prompt indigniert
und wies Paalens Konzept eines ‚offenen Surrealismus‘
entschieden zurück: „[W]e reject the lie of an open sur-
realism, in which anything is possible."[96] Damit war der
Surrealismus im Stile Bretons von ihm selbst in brutaler
Weise um seine anarchische Pointe gebracht und einer intellektuellen Verkümmerung preisgegeben.[97] Andere tru-
gen seine visuelle Fackel weiter bis der Grundgedanke des
Surrealismus als Lizenz zu einem freien Denken durch
den Wiener Philosophen Paul Feyerabend (1924–1994)
mit seiner Devise *Anything goes if it works* u. a. wieder-

---

[94] Cf. Plotin, *Enneaden* II, 5, 4; auch II, 5, 5.

[95] Christian Kloyber (ed.), *Wolfgang Paalens DYN*. Complete
Reprint, Wien/New York 2000.

[96] Im Vorwort des surrealistischen Magazins *VVV* (Abkürzung
für Victory, View, Veil), ed. David Hare, New York 1942–
1945; ausgeliefert wurden vier Nummern.

[97] Breton war charakterlich seinem Talent nicht gewachsen.
Davor hatte ihn insbesondere Paul Valéry stets gewarnt.
„Seit Jahren hat er André Breton vor avantgardistischen Ei-
telkeiten gewarnt; da dieser sich wiederholt über solche Mah-
nungen hinweggesetzt hat, verlangte er nun ultimativ, daß er
ihm ein formal vollendetes Sonett vorlege – eine Übung, der
sich zu unterziehen Breton ablehnt." (Denis Bertholet, *Paul
Valéry. Die Biographie*, Berlin 2011, p. 314)

belebt wurde. Dieser, in jungen Jahren flagranter Atheist, aber Österreicher, wurde 1993, ein Jahr vor seinem Tod, ausgerechnet vor dem Petersdom in Rom von Rüdiger Safranski interviewt und bekannte in einiger Ungeduld: „Warum soll man nicht an etwas glauben?"[98]

Es ist übrigens kein Wunder, daß die österreichischen Künstler und Denker bis heute einen auffälligen Part in der bisherigen Geschichte des Surrealismus gespielt haben, obwohl er ansonsten vor allem durch italienische, spanische, französische, belgische, rumänische (Tristan Tzara, Marcel Janco u. a.)[99], auch tschechische (Karel Teige, Jindřich Štyrský, Toyen, Jan Zrzavý u. a.)[100], polnische

---

[98] In der Sendung *Philosophie heute*, in YouTube heute bequem erreichbar. Cf. ansonsten: Paul Feyerabend, *Against Method. Outline of an anarchistic theory of knowledge*, London/ New York 1975; cf. auch Hans Peter Duerr, *Ni Dieu – ni mètre. Anarchische Bemerkungen zur Bewußtseins- und Erkenntnistheorie*, Frankfurt/M. 1974. Die ergänzte Formel *Anything goes if it works*, die Mißverständnisse vermeidet, stammt von Ernst von Glaserfeld. Darauf hat mich Ingo Meyer aufmerksam gemacht. Cf. Wolfram Hogrebe, *Der implizite Mensch*, op. cit., p. 75 Anm. 110.

[99] Cf. hierzu die Ausstellung *Von Dada zum Surrealismus: Jüdische Avantgarde-Künstler aus Rumänien 1910–1938*, Amsterdam 2011.

[100] Der Tschechische Kubismus und Surrealismus hatte lange Zeit international nicht die gebührende Aufmerksamkeit erfahren. Seit den achtziger Jahren hat sich das allerdings geändert. Im deutschsprachigen Raum wurde wichtig Heribert Becker (ed.), *Aus den Kasematten des Schlafs. Tschechoslowakische Surrealisten*, München 1980; Rita Bischof (ed.), *Toyen. Das malerische Werk*, Frankfurt/M. 1987 u. a. – Ich selbst hatte das Vergnügen, durch einen ausgezeichneten Kenner in diese bedeutende Tradition eingeführt zu werden, nämlich

(Bruno Larek) und ungarische (Endre Rozsda)[101] Exponenten dominant getragen wurde.

Der surreale Exzeß einer Freiheit des Gestaltens und Denkens konnte erstaunlicherweise nur von Personen eines habitualisierten katholischen oder jüdischen Milieus, seien sie nun Theisten oder Atheisten, überhaupt ertragen und ausgehalten werden. Also von Formaten eines nicht geschlossenen Holismus, der sich also über eine nicht interpretierte mystische Sensibilität selbst geöffnet hatte. Die protestantische Mentalität, durch Luther ,buchstäblich' auf eine historische Positivität festgelegt, war erweiterten Deutungsspielräumen, gleich ob überkommen oder visionär erobert, durchaus abhold.[102] So stammt auch einer der wenigen deutschen Surrealisten wie Max Ernst aus katholischem Milieu, selbst wenn er seinerzeit wegen seines überaus köstlichen Bildes *Die Jungfrau züchtigt den Jesusknaben vor drei Zeugen* (1926) exkommuniziert wurde.[103] Max Ernst stammte aus einer Gegend, wo man, wie im Rheinland (Brühl), einer normativen Entfesselung in okkasionellen Exzessen zumindest karnevalistisch durchaus zugänglich war und ist.

---

durch Peter Bielicky/Meerbusch. Er verfügt nicht nur über ein profundes Wissen zur tschechischen Kunst bis in unsere Gegenwart, sondern besitzt auch eine erlesene Kollektion von Bildern tschechischer Kubisten und Surrealisten, so von Jindřich Štyrský und Jan Žržavý.

[101] Cf. Krisztina Pauer, *Endre Rozsda und seine Auseinandersetzung mit der französischen Moderne zwischen 1938 und 1943*, Wien 2013 (Magisterarbeit).

[102] So argumentiert Hugo Ball in: *Zur Kritik der deutschen Intelligenz*, op. cit.

[103] Das Bild befindet sich heute im Museum Ludwig, kaum einen Steinwurf vom Kölner Dom entfernt.

Zur größten Verblüffung der Rheinländer haben dann ausgerechnet die Preußen die Türme des Kölner Domes nach den alten, vordem nie ausgeführten und erst wieder aufgefundenen Plänen (Sulpiz Boisserée 1816 in Paris) bauen lassen, um den rationalen Unsinn [sic!] der von ihnen angezettelten und zu verantwortenden sog. ,Kölner Wirren' vergessen zu machen. Diese Türme, Grundsteinlegung 1842 unter dem preußischen König Friedrich Wilhelm IV., eingeweiht am 15.10.1880 im Beisein des deutschen Kaisers Wilhelm I.,[104] waren versteinerte Dokumente eines preußischen Surrealismus, den es ansonsten nie gab. Diese, ausgerechnet aus der Tradition *gefesselte* Version eines preußischen Surrealismus steht, wenn man schon in Steinen sucht, geradezu diametral einer *entfesselten* Version des Surrealismus entgegen, wie er in der Kathedrale *Sagrada Familia* von Antoni Gaudí (1852–1926) in Barcelona Gestalt gewonnen hat und noch nimmt. Die Statik für diesen Bau gewann Gaudi, indem er sein Modell an Seilen kopfüber schweben ließ.

Man hat den auch seinerzeit kontrovers diskutierten Weiterbau des Kölner Domes später einem restaurativen Historismus zugerechnet, wie seit der Wiedervereinigung Deutschlands 1989 auch die geplante Wiedererrichtung des Berliner Stadtschlosses. Indes: Beide Unternehmen kann man auch als Atemholen einer Moderne verstehen, die sich mit dem Sauerstoff der Tradition noch einmal ihrer selbst versichert. Dieses Atemholen der Moderne prägt immerhin die Stadtbilder von Paris, Wien, Berlin und Budapest. Es scheint, daß niemand davon unangenehm berührt ist. Man reißt eben die konstantinische Petersbasilika in Rom

---

[104] Cf. Karl Hampe, *Wilhelm I., Kaiserfrage und Kölner Dom* (1936), repr. Paderborn 2012.

nicht ohne weiteres ein, es sei denn man hat einen Miche-
langelo, Bernini oder Bramante als Baumeister zur Verfügung.[105] Im spröden Verwaltungsdeutsch gesagt: Das her-
absetzende Etikett eines restaurativen Historismus muß
einer Neueinschätzung ‚zugeführt' werden.[106] Formen des
Klassizismus bewahren jedenfalls vor Eskapaden einer ar-
chitektonischen Moderne, deren Produkte bisweilen eine
so geringe Halbwertszeit aufweisen, daß sie nach weniger
als dreißig oder vierzig Jahren der Abrißbirne zum Opfer
fallen.

Aber solche Beobachtungen konturieren nur die Feststellung, daß ein Geheimnis des Surrealismus dennoch das
Erstarken der Selbstbehauptung einer Moderne in Absetz-
zung von einer sklerotisch gewordenen Aufklärung war.
Im Namen der Vernunft vollstreckte in dieser Tradition
sogar eine nicht mehr selbst denkende Politik eingreifend

---

[105] Cf. die eindrucksvolle Studie von Horst Bredekamp, *Sankt Peter in Rom und das Prinzip der produktiven Zerstörung. Bau
und Abbau von Bramante bis Bernini*, Berlin 2000. Das Surreale dieser Baugeschichte hat Bredekamp in seiner suggestiven
Darstellung sehr plastisch herausgearbeitet. Folgender Satz
hätte von Dalí oder Beuys geschrieben sein können: „St. Peter,
dieser Tempel der ältesten noch existierenden alteuropäischen
Institution, ist in seinem Doppelcharakter von Auf- und Abbau ein Symbol für die historische Elastizität des Katholizis-
mus. Er umfängt die Geschichte und ist zugleich ein Monu-
ment des Futurismus. Nicht allein die Form, sondern die pure
Existenz von St. Peter ist ein Mirakel." (p. 123) Wie kann man
die Intention des Surrealismus besser zusammenfassen!

[106] Eine solche neue Sicht auf die klassizistischen Varianten des
20. Jahrhunderts nimmt Martin Dönike/Berlin in Angriff,
„um einen Beitrag zur Revision des bisherigen Modernebildes
zu leisten" (Manuskript zu seinem diesbezüglichen Projekt-
antrag, den er mir freundlicherweise zugänglich gemacht hat).

Unvernünftiges bis heute. Das Problem ist nicht eine größere Nähe der Politik zu den Menschen, sondern eine seriöse Distanz zur Selbstgestaltung ihres Lebens. Darin schlummert die politische Kraft des Surrealismus mit seiner bedingungslosen Option für eine nicht ungefährliche, wenngleich risikomeidende Offenheit. Insofern haben wir dem Surrealismus viel zu verdanken und als Option expressiver Freiheit immer noch vor uns. Der Petersdom in Rom, die Klagemauer in Jerusalem und die Moscheen am Meidān-e Emām Platz in Isfahan empfehlen sich jedenfalls als Zentren eines zukünftigen politischen Surrealismus aus dem Geiste eines universellen Neuplatonismus.

Der bedeutendste Kopf des Surrealismus war im 20. Jahrhundert zweifellos der Katalane Salvador Dalí (1904–1989). Die Universalität seines expressiven Gestaltungsspielraums ist im zwanzigsten Jahrhundert unerreicht. Bild, Buch, Film, Design und Tanz verdanken ihm Formzuwächse, die prägend geworden sind. Sein symbolischer Dioskur war Joseph Beuys (1921–1986). Beide waren allegorische Söhne des Zeus. Am 22.5.2012 wurde durch *ebay* ein originales Autogramm von Beuys auf einem Stein aus Figueres, Geburts- und Sterbeort von Dalí, versteigert. Diese Signatur hatte natürlich eine deutlich sympathetische Bedeutung, immer vorausgesetzt, sie ist echt. Blinky Palermo, Schüler von Beuys, veranstaltete 1970 mit Gerhard Richter eine Ausstellung *Für Salvador Dalí* in Hannover. Daß es zwischen beiden Künstlern, zwischen Beuys und Dalí, eine performative Verwandtschaft gibt, die von der Präsenz in öffentlichen Medien bis zum verwendeten Material wie Filz und Jute[107] reicht,

---

[107] Cf. Robert Descharnes, *„Die Eroberung des Irrationalen‘. Dalí. Sein Werk – Sein Leben*, Köln 1997², p. 263 A: „Dieser

konnte dem Publikum nicht entgehen und die Literatur
hat es festgehalten: „Duchamp und Dalí, später Warhol
und Beuys, verkörpern einen neuen Typus des Künstlers,
den ‚Ausstellungskünstler‘, der umso erfolgreicher ist, je
auffälliger und glaubhafter er sich als Sonderwesen inszenieren kann."[108]

Man mag das kritisieren. Martin Warnke bedauert in
einem Artikel geradezu die Gesellschaft, die solche Selb-
stinszenierer nötig hat.[109] Aber spricht aus diesem Bedauern nicht bloß die Angst vor der Präsenz des Außerordentlichen? Auch die höfische Gesellschaft, die Martin
Warnke im Hofkünstler als Geburtsfigur der Moderne[110]

‚Avidar Dollar‘ (‚Dollargierige‘) – so hat ihn der alte Breton,
nachtragend und scharfzüngig wie er war, bezeichnet – dachte dennoch an die Unglücklichen und Bedürftigen und gab
am 2. September 1941 im Hotel Del Monte Lodge in Mon-
terey (Kalifornien) ein großes Bankett zugunsten der im Exil
lebenden Künstler. Um daran zu erinnern, daß außerhalb des
sicheren Kalifornien harte und düstere Zeiten herrschten,
ließ er 5000 Jutesäcke an die Decke es Festsaales hängen und
erzeugte damit ein Gefühl der Beklemmung."

[108] Michael Scholz-Hänsel, „Avida Dollars‘ (‚Dollarjäger‘). Bretons Parteidisziplin und Dalís kapitaler Aufstand, in: Lisa
Puyplat, Adrian La Salvia, Herbert Heinzelmann (eds.), Salvador Dalí. Facetten eines Jahrhundertkünstlers, Würzburg
2005, p. 224.

[109] Martin Warnke, Zu originell, um Schecks zu unterschreiben,
in: FAZ vom 8.5.2004: „Nicht der Künstlertypus, den Dalí
beispielhaft verkörperte, ist das problematische oder erklä-
rungsbedürftige Phänomen, sondern die Gesellschaft, die
ihn offenbar nötig hat."

[110] Cf. Martin Warnke, Hofkünstler. Zur Vorgeschichte des
modernen Künstlers, Köln 1996², p. 328: „Der Avantgarde-
künstler des 20. Jahrhunderts ist gewiß der Gegentypus zum

ansonsten feiert, besaß ihre eigenen Formen einer Lizenz des Außerordentlichen. Ist nicht umgekehrt gerade eine solche Gesellschaft zu bedauern, die gar keine Lizenzen für die Präsenz des Außerordentlichen mehr aufzubringen vermag? An diesem Versagen ist immerhin die ungeheuer reiche Elite der Künstler des vergangenen 20. Jahrhunderts in der Sowjetunion Stalins zugrunde gegangen. Immer ging die Politik zu nahe an die Lebensführung derer heran, deren Verhältnisse sie allenfalls äußerlich im Sinne des *bonum commune* zu verwalten hat. Von dem nämlichen Desaster im nationalsozialistischen Deutschland ist hier ganz zu schweigen. Im völligen Nichtwahrnehmen dieser Misere schlummert dieses Elend bis heute, in Europa genau genommen bis in die Verfügungen von Brüssel. Nicht eine verschwitzte Nähe, sondern eine eingriffsarme Ferne zu ihren Bürgern ist das, was der Politik zuzumuten ist.

Schwierig ist gewiß die Rolle zu bewerten, in der wir Dalí im politischen Raum sich bewegen sehen. Dazu liegt inzwischen eine neue Arbeit vor. Sie stammt von dem Historiker Gabriel Montua.[111] Er kann auf der Basis einer ungeheuren Materialfülle, allerdings: ex ignoto, plausibel

---

alten Hofkünstler, da seine Außenseiterstellung das Recht einer Selbstverwirklichung in Freiheit radikal in Anspruch nimmt. Die Vollmacht jedoch, die Gesellschaft von außen zu sehen, und die Probleme, vor die er dadurch gestellt ist, sind ihm vom Hofkünstler übermittelt."

[111] Ders., *Dalí, Kunst und Politik. Eine Untersuchung anhand von Medienquellen und Kunstwerken in Spanien, Frankreich und den USA 1918–1989*, Diss. Humboldt-Universität zu Berlin 2013. Auf diese Arbeit hat mich Horst Bredekamp aufmerksam gemacht und mir seine positive Einschätzung mitgeteilt.

machen, daß Dalí die Realität als Ausnahmezustand verstand, über den er als Künstler die Entscheidungsbefugnis habe. Dalí exekutierte mithin die *Politische Theologie* Carl Schmitts als *Politische Ästhetik*.[112] Der Ausnahmezustand namens Realität braucht die Ausnahmeperson.

Daß Carl Schmitt die leider ungenannte Folie dieser Arbeit von Montua über Dalí ist, verwundert eigentlich schon deshalb, weil der frühe Schmitt selbst ein surrealer Theoretiker war, mit Hugo Ball befreundet, dankbarer Leser von Max Stirner und zeitweise literarischer Experimentator, so in seinem Text von 1918 *Die Buribunken*.[113] Dieses surreale literarische Experimentierstück nennt sich im Untertitel *Ein geschichtsphilosophischer Versuch* und endet mit einem veritablen *Grundriß einer Philosophie der Buribunken*. Buribunken sind solche, die sich als Tagebuchschreiber selbst kreieren. Insofern, so endet der überaus amüsante Text, erreicht der Buribunke „schreibend den Standpunkt des Absoluten". Denn er „ist der sich selbst schreibende, sich selbst betreibende, sich selbst

---

[112] Horst Bredekamp hat hier auch das Faktum angemahnt, daß Carl Schmitt über seinen Rückgriff auf Juan Donoso Cortés in Spanien breit rezipiert worden ist und insofern das intellektuelle Klima zugunsten der Falange (Franco) bei Dalí zumindest indirekt beeinflußt haben mag. Ein zentraler Satz zum Verhältnis Benjamin-Schmitt von Horst Bredekamp ist hier noch aufschlußreicher und trifft exakt den Kern: „Vielleicht sah Benjamin Schmitt wie Schmitt seinen Feind sehen wollte: ‚Die eigene Frage als Gestalt.' (…) Die ästhetischen Überschneidungen waren stärker als die politischen Fronten." (Horst Bredekamp, *Von Walter Benjamin zu Carl Schmitt, via Thomas Hobbes*, in: *Deutsche Zeitschrift für Philosophie* 46 (1998) pp. 901–916, p. 915)

[113] In: *Summa* 1, 1917/18.

überlistende Weltgeist in seiner unmittelbaren, unwiderleglichen Tatsächlichkeit".[114]

Carl Schmitt war ironischer Surrealist *avant la lettre*, bis er seiner eigenen Zensur zum Opfer fiel. Und dies schon ein Jahr später, also 1919 mit seinem Buch *Politische Romantik*. Daß er in frühen Jahren in eigener Manier ein Entgrenzungsprogramm zur Selbstfindung kreierte, verbindet ihn über getrennteste Gipfel sogar mit Theodor Wiesengrund Adorno, der 1931 in der *Frankfurter Zeitung* vier kurze surreale Texte unter dem Pseudonym *Castor Zwieback* veröffentlichte. Später hat er sich vom Surrealismus distanziert mit dem vielzitierten Einwand, seine Erzeugnisse seien zwar Produkte „der subjektiven Freiheit", aber leider „im Stande objektiver Unfreiheit".[115] Das ist, wie manchmal bei Adorno, entweder trivial oder falsch. Trivial, wenn es besagen sollte, daß auch unsere hemmungslosen Phantasien durch *constraints* des Unbewußten kanalisiert werden. Das gilt immer. Falsch, wenn es die Surrealisten speziell betreffen sollte. Diese Abfertigung Adornos klingt ein bißchen wie ein Selbstdementi eines kreativen Geistes mit dem Argument: Zwar fühle ich

---

[114] Ernst Hüsmert/Gerd Giesler (eds.), *Carl Schmitt. Die Militärzeit 1915–1919. Tagebuch*, Berlin 2005, p. 471. Cf. hierzu auch Ingeborg Villinger, *Carl Schmitts Kulturkritik der Moderne. Text, Kommentar und Analyse der ‚Schattenrisse' des Johannes Negelinus*, Berlin 1995. Im Entwurf zu einem Brief an Pierre-Paul Sagave vom 5.2.1952 nennt Carl Schmitt auch seine ‚Schattenrisse' „sehr grund-dadaistisch (avant la lettre)". Abgedruckt in dem Artikel von Martin Tielke *Carl Schmitt auf dem Zauberberg* in: FAZ 17.7.2013, p. N 4.

[115] Th. W. Adorno, *Rückblick auf den Surrealismus*, in: ders., *Noten zur Literatur* I, Frankfurt/M. 1963, pp. 155–162, p. 160.

mich frei, indes: die Putzfrau wartet. In seinem posthum erschienenen Werk *Ästhetische Theorie* (1970) zieht er den Surrealismus als ein Beispiel dafür heran, wie die kritische Potenz der Künste in dem Augenblick neutralisiert wird, wo ihre Werke „im Pantheon der Bildungsgüter begraben" werden. So wurde schließlich „Salvador Dalí ein society-Maler zweiter Potenz".[116] Die Neutralisierungsthese ist gewiß korrekt, aber eben auch wieder trivial. Daß Dalí der Choreographie der Kulturindustrie folgte, ja sie sogar selber entwarf, ist ebenso korrekt. Die Sache, um die es bei Dalí geht, wird dadurch allerdings wieder nicht berührt.

Adorno hatte, wie übrigens Georg Lukács auch, der Endre Rozsda seinerzeit gnadenlos kritisierte, offenbar vor der Realität einer expressiven Figur entgrenzter Performanz einfach Angst. Am 22.4.1969 wurde er ja auch auf dem Katheder an der Universität Frankfurt selbst Opfer der ersten modernen *Femen*, deren archaisches Urbild die Mänaden waren. Dennoch ist er selber, sicher *à contre cœur*, Exponent eines *philosophischen Surrealismus* im 20. Jahrhundert geworden, gerade da, wo er in seiner *Negativen Dialektik* (1966) das Grundprinzip des Surrealismus, vermutlich nicht einmal bewußt, klar formuliert hat: „Was ist, ist mehr, als es ist."[117] Seine apotropäische Beschwörung der Nichtidentität des Dinges, Nukleus seiner Ethik der Gewaltabwehr, markiert in seiner *Negativen Dialektik* genau den Blickwinkel, aus dem die Surrealisten ihre Weltsicht aufbauten.[118] Dalí sekundiert ihm, unwissentlich

---

[116] Th. W. Adorno, *Ästhetische Theorie*, in: *Gesammelte Schriften* Bd. 7, Frankfurt/M. 1970, p. 339/40.

[117] Th. W. Adorno, *Negative Dialektik*, Frankfurt/M. 1966, p. 162.

[118] Merkwürdig, daß diese Koinzidenz, soweit ich sehe, noch

auch im Geiste des frühen physiognomischen, ja manti-
schen Benjamin: „Gebt allen, was das Privileg der alten
Wahrsager war: jeder soll aus Dingen lesen können!"[119]

Warum Adorno aus seiner ureigenen Perspektive einer
zarten Empirie (Goethe) dennoch an begrifflichen Dro-
gen des Materialismus festgehalten hat, bleibt allerdings
ein Geheimnis seiner Selbstzensur. Vielleicht nur um der
„fürchterlichsten Droge (…) die wir in der Einsamkeit zu
uns nehmen", wie Walter Benjamin mit Recht sagte, aus-
zuweichen: „uns selber".[120] Irgendwie schwebt über Adorno, auch über dem späten Benjamin, der dunkle Engel
eines Opportunismus aus Nöten, den sie selbst, aber auch
ihre wohlmeinenden Leser (mich eingeschlossen) lieber
ignorieren. So verwundert es nicht, daß der Theoretiker

---

niemandem aufgefallen ist. Man vergleiche: „Das Innere des
Nichtidentischen ist sein Verhältnis zu dem, was es nicht
selber ist (…)." (*Negative Dialektik*, op. cit., p. 163) Genau
darum ging es z. B. Salvador Dalí: was ist, ist durch sein Sein
nicht festgestellt. Unser Denken gibt ihm Freiheit: „Der
surrealistische Gegenstand ist einzig und allein ehrenhalber
gemacht, er existiert lediglich um der Ehre des Denkens willen." (Salvador Dalí, *Ehre dem Gegenstand* (1936), in: ders.,
Eroberung des Irrationalen, op. cit., p. 54)

[119] Salvador Dalí, *Der Gegenstand im Lichte surrealistischer Experimente* (1932), in: ders., *Gesammelte Schriften*, eds. Axel
Matthes/Tilbert Diego Stegmann, trad. Brigitte Weidmann,
München 1974, p. 170. Ralf Konersmann weist darauf hin,
daß Walter Benjamin die Zitiertechnik der surrealistischen
‚Seher und Zeichendeuter' als Beispiel dafür bezeichnet, was
er ‚profane Erleuchtung' nennt (Artikel *Surrealismus*, in:
op. cit., p. 684).

[120] Walter Benjamin, *Der Sürrealismus. Die letzte Momentauf-
nahme der europäischen Intelligenz*, wieder abgedr. in: ders.,
Träume, ed. Burkhardt Lindner, Frankfurt/M. p. 82.

des Nichtidentischen klandestin dann doch bei Schelling
Unterschlupf sucht, in der *Negativen Dialektik* sogar explizit mit einem Verweis auf *Die Weltalter*.[121] „Alles Geistige ist modifiziert leibhafter Impuls, (...) Umschlag in
das, was nicht bloß ist. Drang ist, nach Schellings Einsicht, die Vorform von Geist."[122] Diesen ‚Drang' beredt
zu machen, ist just die Aufgabe, die sich die Surrealisten
vorgenommen hatten. Wie konnte Adorno das entgehen?

Dalí entwirft ganz ähnlich in Anlehnung an Sigmund
Freud[123] und Jacques Lacan[124] eine Heuristik, die nicht
artifiziell, sondern im Sinne Schellings quasi naturgegeben ist. Sie ist eine Heuristik unserer Selbstfindung, die
aus körperlichen Befindlichkeiten, durch unsere Emo-

---

[121] Cf. *Negative Dialektik*, op. cit., p. 200. Adorno diskutiert
hier das Verhältnis von Geist und Körper und greift auf die
Verhältnisbestimmung Schellings in einer erstaunlichen An-
merkung zurück. Die Gelassenheit des Seyns gegenüber dem
Seyenden, so Schelling, überläßt sich ‚einem stillen Sehnen,
an sich selbst zu kommen', id est einem „Drang zum Be-
wußtwerden, dessen sie [die Gelassenheit des Seyns] doch
sich selber nicht wieder bewußt wird." Adornos finaler Materialismus ist überhaupt insgeheim Schellingscher Provenienz, also vom Typ eines *surrealen Idealismus*.

[122] Ibid.

[123] Cf. Salvador Dalí, *Das geheime Leben des Salvador Dalí*
(1942), trad. Ralf Schiebler, München 2004, p. 685: „An dem
Tag, da ich Sigmund Freud kurz vor seinem Tod im Londo-
ner Exil besuchte (...) sagte [er] mir: ‚In klassischen Bildern
suche ich das Unterbewußte, in einem surrealistischen Bild
das Bewußte.'" Prägnanter läßt sich eine gültige Interpreta-
tionsmaxime in diesem Fokus gar nicht formulieren.

[124] Salvador Dalí, *Gesammelte Schriften*, op. cit., cf. hier den
vorzügliche Kommentar von Peter Gorsen pp. 445 sqq.: *Die
Entdeckung Jacques Lacans für den Surrealismus*.

tionalität hindurch wirksam wird, als Gestaltungs*drang* hindurchgreift, zwar stammelnd, unlizenziert, bizarr, obszön, verwerflich, aber wort-, bild-, klang- und gestalt-suchend. Wir müssen aus dieser Tiefe unserer selbst mit Meldungen rechnen, die in nicht intentionaler Weise Neues, auch Verstörendes, an die Oberfläche transportieren. Die Energie dieses Transports ist, wie Adorno mit Schelling formuliert, ein ‚Drang'. Diesem sehr deutschen Wort kam am ehesten noch Bergson mit seiner Wendung eines *élan vital* entgegen.[125] Und damit kann man schnell den Weg zu Freud und Lacan finden, um dann bei Dalí anzukommen.

Daß zudem die Surrealisten in ihren politischen Optionen allesamt zu extremen Positionen tendierten, sei es zum Marxismus Stalins, sei es zum Faschismus Mussolinis[126],

---

[125] Cf. Henri Bergson, *L' évolution créatrice*, Paris 1907. Zum Verhältnis Dalí und Bergson cf. Peter Gorsen, *Der ‚kritische Paranoiker'*, in: Salvador Dalí, *Gesammelte Schriften*, op cit., pp. 401 sqq., hier besonders pp. 440 sqq. Ferner: Isabel Maurer Queipo, Nanette Rißler-Pipka (eds.), *Dalís Medienspiele. Falsche Fährten und paranoische Selbstinszenierungen in den Künsten*, Bielefeld 2007; hier: Nanette Rißler-Pipka, *Gala-Gradiva*, p. 182.

[126] Für Italien ist hier u. a. bezeichnend Julius Evola (1898–1974). Er war Futurist, Dadaist, Okkultist und persistenter Faschist sui generis. Umberto Eco bezeichnete ihn als Operetten-Faschisten. Auf Evola hat mich Maurizio Ferraris aufmerksam gemacht. Dessen Schüler Vincenzo Santarcangelo wies mich zudem auf folgende Artikel hin: Vitaldo Conte, *Maschere di Evola come percorso controcorrente*, in: Studi Evolani 2008, Torino 2009; Gianfranco de Turris, *La correspondenza tra Julius Evola e Gottfried Benn*, in: Centro Studi La Runa, Archivio di storia, tradizione, letteratura, filosofia, 2008 (mit weiterer Literatur). Zu Benn und Evola cf. auch Regine Anacker, *Aspekte einer Anthropologie der Kunst in Gottfried*

Francos und Hitlers[127], war schon im Projekt des Surrealismus als solchem entschieden, bevor sie in ihm ihre Biographie zu realisieren begannen. Auch insofern gehören sie zum politischen Relief des 20. Jahrhunderts wie kaum eine expressive Bewegung sonst. Man kann dies als Desaster der Extreme des 20. Jahrhunderts verstehen, aber dieses Jahrhundert war nun einmal dieses Desaster. Wie sollte sich dies im expressiven Profil nicht auch entziffern lassen? Das ist beileibe keine Rechtfertigung, aber ein Befund, der sich über die historische Faktizität zwar heute normativ trittfester, aber durchaus nicht erhaben fühlt. Ein Extremismus gleich welcher Art bürgt selten für Wahrheit, bestenfalls für Authentizität, die aber dann doch wieder eine denkwürdige Form existenzieller Wahrheit sein kann, über die allerdings schwer zu befinden ist.

Erstaunlich bleibt indes, daß gerade Dalí im Gegensatz zu Breton (1927 in die KP eingetreten, aber schon 1932 wieder ausgeschlossen) schon sehr früh die enormen, auch intellektuellen Defizite des in der Sowjetunion praktizierten Marxismus erkannt und insbesondere das obskure Überbau-Unterbau-Schema scharf kritisiert hat.[128] Daß der Gruppendruck unter den Surrealisten gerade auch durch diese auseinanderdriftenden politischen Extreme,

---

Benns Werk, Würzburg 2004, bes. Kap. III.2.3.4 *Unwahrscheinliche Ordnungen* (pp. 414 sqq).

[127] Zu Dalís Verhältnis zu Hitler cf. Jack Spector, *Dali et Hitler: entre fascisme surréaliste et surréaslisme fascisant,* in: Astrid Ruffa, Philippe Kaenel, Danielle Chaperon (eds.), *Salvador Dalí à la croisée des savoirs,* Paris 2007, p. 133–146. Dazu auch Gabriel Montua, *Dalí, Kunst und Politik,* op. cit., p. 94.

[128] Schon 1934 bekundet Dalí: „Eine Revision des Marxismus ist dringend nötig." (zit. bei Gabriel Montua, *Dalí, Kunst und Politik,* op. cit., p. 100)

Dalí kokettierte ja unverhohlen mit den Faschisten, ganz außerordentlich erhöht wurde, ist nur zu verständlich.

Gabriel Montua zeigt in seiner Dissertation über den politischen Dalí aber auch, daß dieser ein Prototyp des modernen Künstlers in dem Sinne ist, als er *beide* Hälften des 20. Jahrhunderts in seinem Werk und Wirken ausgetragen hat: zwischen Marxismus und Faschismus in der ersten Hälfte, zwischen Authentizismus und kompletter Ökonomisierung der Kunst in der zweiten Hälfte. Montua unternimmt es, den politischen Dalí aus seinem Kommunikationsrelief herauszuarbeiten und zwar mit Rückgriff auf die *encoding-decoding theory* der Medienwissenschaften.[129] Sehr prägnant gelingt ihm das auch als Beitrag zur politischen Ikonographie. Die Raffinesse, mit der Salvador Dalí Diego Vélazquez' Bild *La rendición de Breda* (1634/35) in seinem eigenen Bild *Portrait des Botschafters Don Juan Cárdenas* (1943) aus ,politischer Kommunikationsabsicht' gezielt ,zitiert', ist von Montua wahrhaft delikat analysiert.[130] Am Ende kommt er jedoch wieder zu demselben Ergebnis wie Martin Warnke: „Dalís Erfolg ist ohne den geringsten Abstrich gerechtfertigt. Wenn dieser strahlende Erfolg den Schatten eines Fragezeichens wirft, so trifft er nicht Dalí. Er trifft die Gesellschaft, welche Dalí jahrzehntelang auf Händen getragen und dabei seine unzähligen kleinen und großen Provokationen über sich ergehen lassen hat."[131]

---

[129] Gabriel Montua, *Dalí, Kunst und Politik*, op. cit., p. 208.

[130] Cf. Gabriel Montua, *Dalí, Kunst und Politik*, op. cit., p. 199/200.

[131] Gabriel Montua, *Dalí, Kunst und Politik*, op. cit., , p. 393.

2. Die Eroberung des Irrationalen
   durch Rationalität

1967 erschien das Hauptwerk von Hans Wagner (1917–2000), seit 1961 Philosoph an der Universität Bonn: *Philosophie und Reflexion*.[132] In diesem *opus magnum* versucht Wagner nichts Geringeres als eine neue Grundlegung der Philosophie, nicht nur für seine Zeit. Ein solches Unternehmen, das sich selbst einer systematischen, aber eben auch spekulativen Philosophie zurechnet, gehört neben anderen Versuchen (wie z. B. von Wolfgang Cramer) zur Folie des vergangenen 20. Jahrhunderts und sollte neben seine vielleicht nur spektakulären Entgrenzungsprogramme gestellt werden, um Bilanz zu ziehen. Denn das in der Tat Merkwürdige ist: Ein so systematischer Denker wie Hans Wagner leistet gerade im Ausschreiten einer prinzipienorientierten Geltungsreflexion zugleich eine Eroberung des Irrationalen, wie sie m. W. kaum zur Kenntnis genommen wurde. Wie und mit welchen Argumenten er genau das leistet, möchte ich im Folgenden untersuchen. Denn beides: die Eroberung des Irrationalen im expressiven Bereich, über den wir bislang gehandelt hatten, aber eben auch im rein Begrifflichen am Rande seiner Expressivität, gehören zusammen. Warum und wieso?

Das 20. Jahrhundert war, wie Eric Hobsbawm sagt, ein Zeitalter der Extreme. Bestialische Exzesse im Politischen korrespondierten mit Entgrenzungsprojekten in expressiven wie auch epistemischen Dimensionen. Und gerade diese wollten trotz allem auch als Aufklärungsprozesse verständlich gemacht werden. Niemand im 20. Jahrhun-

---

[132] Hans Wagner, *Gesammelte Schriften*, Bd. 1: *Philosophie und Reflexion*, ed. Bernward Grünewald, Paderborn/München/Wien/Zürich 2013.

dert hat sich explizit von der Erbschaft der Aufklärung verabschiedet. Selbst da, wo ihre verdinglichenden Kollateralschäden namhaft gemacht wurden, ging es um eine Aufklärung über den Aufklärungsprozeß als solchen. Angesichts einer brutalen Realität ist im 20. Jahrhundert die Aufklärung nicht verschwunden, sondern notgedrungen reflexiv geworden. Denn nicht deshalb, weil die Menschen plötzlich von einer Lust am Überschreiten roter Linien Gefallen fanden, wurden Entgrenzungsprojekte aufgelegt, sondern weil sie aus Bemühungen resultierten, die von Hause aus eigentlich auf Grenzbefestigungen angelegt waren.

Wagner versichert sich zunächst einer denkbaren Suspendierbarkeit des Wissens, wie wir sie aus den Entgrenzungsprogrammen des 20. Jahrhunderts in farbiger Manier kennengelernt haben. Diese stehen unserer Normaleinstellung über Rang und Wert unseres Handelns gewiß entgegen, sonst hätten gerade die visuellen Entgrenzungsprogramme nicht diesen spektakulären Erfolg gehabt. Wagner faßt hier die Entgrenzungsmaxime in den Satz, der von Carl Schmitt stammen könnte: „Es kommt überall nur auf die frische Farbe von Entschluß und Tat selbst an."[133] Er argumentiert dann aber gegen diese These. Denn auch vor dem Hintergrund solcher nahezu ‚tätlicher' Wissensoptionen gegen begriffliche Varianten ist schließlich doch wieder nur eine Entscheidung denkbar, die unvermeidlich vom Typ eines (noch) gesuchten Wissens sein muß. Wagner nennt das hier Gesuchte ‚Wissen über Wissen'[134], ein unabweisbar erforderliches ‚Reflexi-

---

[133] *Philosophie und Reflexion*, op. cit., p. 64.
[134] *Philosophie und Reflexion*, op. cit., p. 65.

onswissen' („noematische Geltungsreflexion').[135] Dieses
noch gesuchte Wissen muß um allgemeine Gültigkeitsbe-
dingungen, wie sie uns vielfältig möglich sind, ebenso Be-
scheid wissen, wie daher natürlich auch über die eigenen.
Gelingt einer höherstufigen Reflexion genau dies, „ist das
Fundament für alle Theorie gelegt (…)".[136]

Daß eine solche Vergewisserung über unsere unterschiedlichen Wissensformen möglich sein muß und in
einer ultimativen Selbstvergewisserung des Wissens endet, rechnet Wagner dann konsequent einem ‚absoluten
Wissen' zu, das den Regreß unserer Vergewisserungsbe-
mühungen im Anonymen zum Stillstand kommen läßt,
einer Form des Wissens, in das wir als wissende Wesen
nun einmal hineingeboren sind. Wissen ist also mit Gründen nicht hintergehbar.

All dies kann man postulieren, aber es sollte im Argument natürlich effektiv gezeigt werden. Dem muß sich
Wagner stellen und seinem Versuch wollen wir hier in einer *Skizze* folgen.

Normalerweise thematisieren wir Sachverhalte, zunächst solche, die uns weltzugewandt zugänglich sind.
Unsere Umgebung z. B. sortieren wir zumeist identifizierend und zugleich evaluierend. Daß wir diese Üblichkeit
aber überhaupt bemerken, setzt voraus, daß wir zugleich
darauf achten, was wir tun, wenn wir etwas tun. „Dieses
Beisichsein im Modus der Rückkehr aus dem Außersich-
sein nennen wir *Reflexion*."[137]

Aber auch auf diese reflexive Verfassung können wir
eigens achtgeben und wieder eben diese thematisieren.

---

[135] *Philosophie und Reflexion*, op. cit., p. 60 und 69 et passim.
[136] Ibid.
[137] Hans Wagner, *Philosophie und Reflexion*, op. cit., p. 36.

Auch wieder darauf, daß wir gerade das wieder können. Hier bietet Hans Wagner eine vierfach aufgestufte reflexive Selbstthematisierung an: 1) Gegenständliche Thematisierung, 2) Achten auf eben diese, 3) Bemerken, was wir tun, wenn wir auf diese achten, und 4) die Gewahrung, daß wir diese reflexive Prozedur im Sinne eines *usw.* endlos perpetuieren könnten. „Zweifellos sinnhaft sind die[se] ersten vier Schritte, zweifellos *sinnlos* sind alle folgenden."[138] Eine fortgesetzte reflexive Iteration läuft einfach leer. Hier kommen wir also nicht weiter.

Aber wir thematisieren in unserer durchschnittlichen Weltzugewandtheit nicht nur identifizierend, sondern auch evaluierend. D. h. wir identifizieren nicht nur Sachverhalte, sondern bewerten sie auch. Und das schon dadurch, daß wir sie selektiv fokussieren, d. h. zum Zwecke der Identifikation von Anderem abgrenzen. Identifikation des Einzelnen ist ohne Evaluation des Kontextes nicht möglich. Reine Deskription ist eine Fiktion. Schon an der Basis sind wir daher in eine Geltungsdifferenz hineingestellt: Jeder Gehalt eines Denkens ist entweder geltungspositiv oder geltungsnegativ, d. h. schließlich: wahr oder falsch.[139]

Was ist nun der Maßstab dieser Bewertung? Es müssen Gründe sein, die für die eine oder die andere Option sprechen. Dieses *Grund*geschehen ereignet sich im Vorlauf unseres Urteilens, schon bevor wir also ein singuläres Urteil **Fa** in den Händen haben. „Es ist völlig ungenügend, das Urteil bloß als Aussage zu verstehen. Es ist noch nicht hinreichend, es als Wissen zu verstehen. Es muß als das sich-

---

[138] Hans Wagner, *Philosophie und Reflexion*, op. cit., p. 40.
[139] Cf. Hans Wagner, *Philosophie und Reflexion*, op. cit., p. 78/79.

selbsterzeugende Wissen, als Selbsterzeugung des Wissens
betrachtet und bedacht werden."[140] Hier erst erreicht die
Analyse den Vollsinn des Apriorischen und schließlich des
Absoluten als ‚Grund aller Bestimmtheit'. Erst von hier aus
ergibt sich für Wagner auch der Vollbegriff des Denkens.

Aber dieses erschöpft sich nicht in der Erzeugung von
theoretischen Gehalten (Noemata), sondern erzeugt auch
Willensgehalte (Thelemata) und schließlich Ausdrucksge-
halte (Poiemata). Damit greift Wagner den systematischen
Grundriß der Philosophie seit Kant auf.[141] Im Kontext des
autogenetischen Denkens erscheint die ästhetische Dimension als Sphäre der ‚Selbstgestaltung des Gefühls'.[142]
Hier geht es nicht sowohl um ‚Darstellungsgehaltlich-
keit', sondern geradezu um ‚Äußerungsgehaltlichkeit',[143]
d. h. um Expressivität. Hier geht es also nicht um Ra-
tionales im theoretischen Sinn, sondern um „die Theorie
eines eminent Irrationalen."[144]

Ästhetik wird bei Hans Wagner ersichtlich zwar als
philosophische Theorie aufgenommen, aber ihre Aufgabe ist es jetzt, „das Feld des Irrationalen, welches Kunst
heißt, als ein *Ganzes* ins Recht zu setzen".[145] Ihre Aufgabe ist eine Symbolisierung des Unendlichen. Daß dies

---

[140] Hans Wagner, *Philosophie und Reflexion*, op. cit., p. 99.
[141] Er erweitert ihn allerdings, was uns hier nicht interessiert,
auch noch um das gesellschaftliche Noema. Cf. Hans Wagner, *Philosophie und Reflexion*, op. cit., p. 85 et passim, vor
allem § 28.
[142] Hans Wagner, *Philosophie und Reflexion*, op. cit., § 27.
[143] Hans Wagner, *Philosophie und Reflexion*, op. cit., p. 287.
[144] Hans Wagner, *Philosophie und Reflexion*, op. cit., p. 290.
[145] Ibid.

überhaupt möglich ist, „das ist das Wunder der Kunst".[146]
Aber das heißt ineins: „Es ist gleichzeitig der Grund ihrer
unaufhebbaren, einer Aufhebung aber auch gar nicht bedürftigen Irrationalität."[147]

Mit dieser prinzipiellen Lokalisierung der Kunst hat
Hans Wagner unter der Hand eine These eingeführt, die er
selbst so nicht expliziert: Es gehört zur Rationalität, sich
selbst als ins Irrationale hineingestellt zu erfahren. Der le-
gitime Ausdruck hiervon ist Kunst. Wie könnte man das
Anliegen des Surrealismus präziser fassen? Tatsächlich
hat Wagner auch die Konsequenzen dieser fatalen Selbstsituierung des Menschen bedacht. Wenn die Rationalität
des Homo sapiens nur in dieser surrealen Selbstsituierung
erfahrbar ist, dann lebt sie aus einem Dementi dessen, was
ihren Stolz und ihre Würde ausmacht. Sie ist in sich ineins
aufgerichtet und gedemütigt.

Genau dieser bitteren Widerfahrnis in sich selbst, trägt
die Kunst, so Hans Wagner, Rechnung. Ja sie wäre gar
nicht möglich, wenn sie aus dieser bitteren Tönung nicht
eine Quelle ihrer Notwendigkeit im Sinne einer wörtlich
notwendenden Legitimität bezöge. „Wäre das Bewußtsein
des Subjekts, insofern dieses sowohl durch Faktizität wie
durch Ideenbestimmtheit charakterisiert ist, nicht (...) notwendig ein leidendes, ein zerrissenes und ein unglückliches
(verzweifeltes) Bewußtsein, es gäbe keine Kunst."[148] Insofern gehört die Sensibilität für die expressiven Gestaltungen
des Menschen zwangsläufig, auch für den Schiller-Leser
Hans Wagner, zu so etwas wie *Bildung*.[149] Die Selbstgestal-

---

[146] Hans Wagner, *Philosophie und Reflexion*, op. cit., p. 291.
[147] Ibid.
[148] Hans Wagner, *Philosophie und Reflexion*, op. cit., p. 296.
[149] Hans Wagner, *Philosophie und Reflexion*, op. cit., p. 310.

tung der Subjektivität erreicht damit eine Voraussetzung ihrer Möglichkeit, aus der sich letztlich auch die Würde des Menschen speist.[150] Von dieser denkt Wagner so hoch, wie es ihm die Prinzipien seiner Philosophie und die Tradition an die Hand geben, aber er ist pessimistisch, was die Würdewirklichkeit in heutigen Zeiten angeht. Da hilft auch keine Kunst mehr.

Dennoch wird man sagen müssen, daß Hans Wagner sich den Bereich des Irrationalen ausschließlich in Form einer ästhetischen Einhegung erobert. Obwohl auch nach seiner Konzeption das rationale Format des Homo sapiens in eine Umgebung des Irrationalen hineingestellt ist, vermeidet er es, eine Berührung dieser beiden Zonen theoretisch einzufangen. Aber genau da wird es eigentlich erkenntnistheoretisch erst spannend. Wagners rote Linie zwischen Rationalität und Irrationalität läßt sich nur ziehen, wenn man von den kreativen Impulsen, aus denen auch die Netze rationaler Weltdeutung geknüpft sind, absieht. Wer eingesehen hat, daß auch unser bestes Wissen nicht selbstgenügsam, sondern auf eine Geschichte von Entdeckungsreisen angewiesen ist, wird bemerken, daß die Eroberung des Rationalen und die Eroberung des Irrationalen beide Hand in Hand gehen. Wer Kreativität will, darf Entgrenzungen ins Irrationale nicht scheuen, um Neues in Bekanntes implementieren zu können. Wer Verläßlichkeiten will, wird rationale Institutionen in abgesicherter Form bevorzugen müssen, ohne sich Optionen für Revisionen zu verschließen.

---

[150] Cf. hierzu das zweite Hauptwerk von Hans Wagner: *Die Würde des Menschen*, Würzburg 1992.

Aber auch das wäre wieder nur eine Eroberung des Irrationalen im Bezirk einer theoretischen Heuristik, die hartgesottene Erkenntnistheoretiker in Areale der Wissenschaftsgeschichte bzw. Wissenspsychologie abschieben würden. Tatsächlich verhalten sich die Dinge hier aber ganz anders. Schon im Binnenbereich der Erkenntnismöglichkeiten, wie sie von der Transzendentalphilosophie verwaltet werden, findet sich intrinsisch eine Berührung mit Irrationalem, die formalen Theoretikern allerdings fremd bleibt. So ist es bis heute erstaunlich, daß der erste neuzeitliche Philosoph in der Tradition Kants diese Kontaktstelle namhaft gemacht hat, ohne daß dies, auch nicht bei Hans Wagner, für Aufsehen gesorgt hätte. Ich meine hier Johann Gottlieb Fichte. In seiner *Wissenschaftslehre* von 1804 bietet er eine systematische Theorie eines notwendigen Implements von Unbegreiflichkeit im Begreiflichen und eine Theorie des Irrationalen, die elementarer Bestandteil unserer rationalen Architektur der Vernunft ist. Natürlich ist dieser denkwürdige Umstand in der Forschung auch hie und da bemerkt und analysiert worden,[151] aber seine Bedeutung hat sich der *scientific community* der Philosophen leider nicht vermittelt.

Wie stößt Fichte auf diese Bestandstücke? Fichte greift in der Fassung der *Wissenschaftslehre* von 1804 zunächst ganz konventionell auf unsere für identifizierende Bezugnahmen auf Weltverhältnisse erforderlichen Ausstattungen

---

[151] Cf. u. a. Christoph Riedel, *Zur Personalisierung des Vollzuges der Wissenschaftslehre J. G. Fichtes: Die systematische Funktion des Begriffes ‚Hiatus irrationalis' in den Vorlesungen zur Wissenschaftslehre in den Jahren 1804/05*, Stuttgart 1999; hier Kap. 2: *Das Argument für das Nicht-Diskursive im Diskurs*, pp. 61 sqq., hier insbes. Kap. 2.2: *Die systematische Erschließung des hiatus irrationalis* pp. 68 sqq.

mit Begriffen und Beobachtungen zurück. Wissensanaly-
tisch muß es hier einen erkennenden Bogen zwischen Subjekt und Objekt geben, zwischen unserer Ausstattung mit
Prädikaten und dem, woran sie zum Einsatz kommen sollen. Wir verfügen schon über erworbene Wissensbestände,
die sich z. B. in identifizierenden Leistungen bewähren.
Was wir identifizieren wollen, ist allerdings, rein formal
betrachtet, zunächst nichts Begriffliches. Es *zeigt sich* bloß
als das, was es ist, d. h. als Bestimmbares. In dieser Fassung ist es Kandidat möglicher Erkenntnis und, bezogen
auf diese Möglichkeit, schon ein Konstrukt: Es ist das, was
in den Horizont seiner Erkenntnis hineinragt, wenngleich
als (noch) nicht Begriffenes. Für sich betrachtet, handelt
es sich daher noch um ein Unbegriffenes, das, wieder für
sich betrachtet, Dementi alles Begrifflichen und wiederum
in dieser Hinsicht ein Unbegreifliches ist. In dieser Rolle
ist es ein begrifflich jedenfalls nicht Gefesseltes, d. h. ein
Absolutes: „dieses Unbegreifliche, als der (…) von uns be-
griffene Träger aller Realität im Wissen, ist nun als absolut
nur als unbegreiflich und weiter nichts zu denken, keineswegs aber etwa noch oben drein mit irgend einer occulten
Qualität zu beschenken (…).“[152] Man kann das auch so formulieren: Gegenstände unserer Wissensbemühungen sind
Dokumente eines Absoluten und Unbegreiflichen. Wieder
anders: Was wir intendieren, ist für sich betrachtet, intenti-
onsfrei, d. h. absolut, in dieser *façon* aber auch noch nicht
noematisch ‚gerahmt‘ und insofern völlig unbegreiflich. In
diese Stellung rückt es als denkbarer Kandidat, als *aliquid*,
in unsere Intentionen ein, ist, wie Fichte später sagt, „die

---

[152] Johann Gottlieb Fichte, *Die Wissenschaftslehre*, vorgetra-
gen 1804, in: ders., *Werke*, ed. Immanuel Hermann Fichte,
Bd. 10, Berlin 1971, p. 118.

absolute Projektion eines Objekts".[153] Fichtes Denken bewegt sich in einer Sphäre vor jedem Deskriptivismus, also da, wo wir noch nicht über eine „discriminating conception" eines Objekts verfügen.[154] Er unterläuft daher die lingualen Referenztheorien, wie sie im 20. Jahrhundert populär wurden. Sie überspringen allerdings unsere Intentionalität zugunsten ihrer sprachlichen Realisierung.

Objekte sind für Fichte daher immer intentionale Projektionen. Projektion durch Intention ist der Kern unserer geistigen Verfassung. Indem wir thematisieren, erzeugen wir *uns* als Thematisierende und *anderes* als Thematisierbares. Vernunft ist autokreativ und in diese Verfassung werden wir hineingeboren. Sie ist daher eine „von aller Willkühr [sic!] und Freiheit und Ich durchaus unabhängige Vernunft".[155]

Wie es allerdings zu einer so strukturierten Vernunft kommt, die intendierend projektiv ist, das bleibt völlig rätselhaft. Wissen kennt außer sich ja keine Gründe. Intentionalität bleibt daher unerklärlich. Was sich zwischen Intendieren und Intendiertem abspielt, bleibt dunkel, „finster und leer".[156] Hierüber, so Fichte, kann „keine Rechenschaft abgelegt werden", hier muß man von einer *„proiectio per hiatum irrationalem"* sprechen.[157] Hier also gründet unsere Freiheit und unsere Kreativität.

Genau genommen geht es hier um die Unerklärlichkeit unserer intentionalen Bezugnahme auf Gegenstände gleich

---

[153] Op. cit., p. 210.

[154] Cf. Gareth Evans, *The Varieties of Reference*, ed. John McDowell, Oxford 1982, p. 65.

[155] *Die Wissenschaftslehre*, op. cit., p. 120.

[156] Op. cit., p. 210.

[157] Ibid.

welcher Art. Fichte stand das Vokabular der Intentionalität
noch nicht zur Verfügung. Daran krankt die *Wissenschaftslehre* in ihren verschiedenen Versionen insgesamt. Dennoch hat er das sachliche Problem gewissermaßen ‚erspürt‘.
Die Frage ist einfach: Kreiert die Vernunft allein unseren
Gegenstandsbezug oder ist es das Seiende, das ihn erzwingt
und so eröffnet? Das genau ist der Kampf zwischen Idealismus und Materialismus. Daß beide sich unabhängig von ihren Ausgängen auf einen Realismus verständigen können,
ist nicht das Thema. Das relevante Problem ist die Frage:
Wer hat das bessere Argument für die These, daß wir intendieren, ob wir wollen oder nicht. Fichte hält dafür, daß
hier eine Antwort aus einer wie immer gearteten Kausalität
des Seienden nicht möglich ist, sonst wäre die Unabhängigkeit bzw. Kreativität des Denkens dahin. Das besagt:
Wer diese Unabhängigkeit und das heißt die Kreativität des
Denkens retten will, muß die idealistische These vertreten:
Nur aus einem autogenetischen Zentrum der Architektur
der Vernunft heraus, wenngleich um den Preis eines *hiatus
irrationalis*, gibt es die Chance, so etwas wie Verstehen und
Erkennen projektiv als möglich zu erweisen.

Das Bewußtsein „projicirt [sic!] daher eine *wahrhafte*
Realität, **per hiatum** einer absoluten Unbegreiflichkeit
und Unerklärbarkeit hindurch“.[158] Hier fallen die Würfel:
Unser intentionaler Bezug auf irgendetwas, Basis unserer Rationalität, ist selber schon irrational. Aber genau
das erst im Lichte einer Aufhellung durch Vernunft, d. h.
durch eine „stehende Intuition“, und das heißt auch hier
wieder: „per hiatum“.[159]

---

[158] Op. cit., p. 200.
[159] Op. cit., p. 279.

Man muß zugeben, daß Fichte zunächst im gewöhnlichen Sinne ein robuster Realist ist. Er macht sich andererseits als Analytiker keinerlei Illusionen darüber, wie Bedeutungen in ein physiologisches Equipment gleichsam *a parte rei* ‚einwandern‘ könnten. Hier ist er derselben Meinung wie Hans Wagner: „Wissen vom Gegenstand ist nur denkbar, wenn sich das Wissen selbst erzeugt.“[160] So stehen Fichte und Wagner in direktem Gegensatz zu heutigen Kausaltheorien der Referenz. Was nicht von der Vernunft kreiert wird, und darin besteht schon ihr *esse in actu*, hat keine Chancen auf Wissen. Vernunft bleibt für Fichte „ein unmittelbar inneres sich intuirendes [sic!] Machen“.[161]

Genau das aber ist auch eine Grenze, gewiß nicht in der analytischen Potenz Fichtes, aber in seinem Instrumentarium zu ihrer Verbalisierung: Er läßt ganz einfach die Botschaften von außen unbedacht. Nach ihm *macht* die Vernunft projektiv alles. Was ihm also fehlt, ist so etwas wie ein *rezeptives*, besser: *mediales* Vernunftorgan, eine vorbegriffliche ‚Spürkraft‘, ein Gefühl für irgendetwas. Gerade das hat ihm Jacobi seinerzeit vorgeworfen und er hatte recht. Immerhin hat Fichte wie kein zweiter vor oder nach ihm die Quelle einer Irrationalität schon da dingfest gemacht, wo unsere Rationalität beginnt sich lernend aufzubauen. Das Irrationale ist eine intrinsische Voraussetzung unserer Rationalität. Von diesem Gedanken war Hans Wagner weit entfernt. Aber er ist wahr. Und genau darauf hatten die Surrealisten die Probe mit ihren visuellen Ausgriffen gemacht.

---

[160] Hans Wagner, *Philosophie und Reflexion*, op. cit., p. 99.
[161] Op. cit., p. 309.

III. Nichtwissen und das Verborgene

Kunst ist eine Form, menschliche Resonanzen zu gestalten. Eben diese erhalten, seit es Menschen gibt, Erklärungen in Form von Kulten, die treu wiederholt werden, obwohl man nicht weiß, warum. Dem gesellen sich Schriften zu, die das komplette Selbstverständnis des Menschen aus seiner Geschichte mit dem Göttlichen plausibel zu machen versuchen. Das ist keine Philosophie, aber doch ein zentrales Bemühen des Menschen, mit sich selbst im Universum ins Reine zu kommen. Ebenso wie der Mensch sich selbst ein Über-ihn-Gekommenes ist, sind diese Geschichten ein Über-ihn-Gekommenes, aus dem er sich versteht. Dennoch erreicht er hier jedesmal ein Ende, das der Menschwerdung vorherging. Diesen Prozeß einer Selbstwerdung aus Entzogenem haben Philosophie und Religion gemeinsam, aber sie realisieren diese Genesis unterschiedlich in Begriff und Bild. Das will ich im Folgenden an zwei Beispielen verdeutlichen. Einmal in der These einer Verwesentlichung des Nichtwissens bei dem Denker Eriugena und schließlich in einer Verwesentlichung des Verborgenen im Sohar.

1. Verwesentlichung des Nichtwissens bei Eriugena

Der Surrealismus beginnt mit dem Monotheismus. Der Polytheismus war in sich schon eine gelebte Form des Surrealismus.

Aber im Monotheismus setzt sich der Surrealismus fort mit der Theorie eines weder sich selbst noch den Menschen verständlichen Gottes, an dem dennoch festzuhalten ist, denn Sein ist Unsinn.

All dies klingt nun ziemlich abstrus. Aber ist es nicht. Die Situation einer mäandernden Geschichte der Menschheit war schon in vorgeschichtlicher Zeit irgendwann die, eine Vielzahl übermenschlicher Mächte, die die Dienste einer diversifizierten Priesterschaft in Anspruch nahmen, *top down* zu minimieren. Denn diese Dienerschaft war nicht nur kostspielig, sondern zugleich auch eine Frage der Macht. Die Reduktion der Götter hatte finanzielle wie politische Gründe, vielleicht erst zuletzt theologische.

Der Monotheismus bedeutete dann zunächst nur einen Verlust an Plausibilität. Die Welt ist viel zu komplex, um nur durch einen einzigen Gott regiert zu werden. Aber Echnaton erkannte: Viele Götter kosten viel und ihre Priester beanspruchen je nach Größe ihres Sprengels ihren Anteil an Macht. Dieser Aspekt ist der Forschung natürlich durchaus bekannt.

Jan Assmann allerdings rekonstruiert die Reaktion, die Amenophis IV. in Ägypten um 1338 v. Chr. mit seinem plötzlich eingeführten Monotheismus (*Aton*) wohl ausgelöst hatte, rein rezeptiv und kommt zu dem Schluß, „was für ein furchtbarer Schock dieser Göttersturz gewesen sein muß".[162] Dieser vor allem sozial wirksame Schock bestand

---

[162] Jan Assmann, *Moses der Ägypter. Entzifferung einer Gedächtnisspur*, München 1998, p. 49.

darin, daß die für die Identität der ägyptischen Stadtbewoh-
ner ungemein wichtigen, aber finanziell aufwendigen Feste
plötzlich entfielen. Der Sturz der Götter zugunsten eines
einzigen Gottes mußte damals in der Tat „eine extreme
Fremdheitserfahrung"[163] gewesen sein. Warum das so ist,
verrät uns Jan Assmann im Gegensatz zu anderen Forschern
allerdings nicht. Er bleibt bei einem sozialpsychologischen
Kontrasterlebnis. Natürlich gibt es hier kaum Daten, die belastbar mit Blick auf Tatsachen sein könnten. Immerhin gibt
es hier aber zumindest ein plausibles Argument, das eine
Brückenfunktion zur Tatsachenwelt einnehmen könnte.
Der Eintritt in den Monotheismus rentierte sich: Was
ehedem an Geld in die Kulte der vielen Götter floß, ku-
mulierte jetzt bei einem. In diesem Sinne deutet jedenfalls
schon Tacitus in seinen *Historien* an einer Stelle den Monotheismus der Juden, für den er in römischer Tradition keine Sympathien hatte, übrigens im Gegensatz zur
sonstigen intellektuellen Oberschicht Roms seiner Zeit.
Seine Argumentation beruht hier wie auch sonst bei ihm
in solchen Fragen auf dem Prinzip: Legitimation durch
Komparierbarkeit. Was sich umgekehrt mit der römi-
schen Lebenswirklichkeit in einem durchaus großzü-
gigen Sinne nicht vergleichen läßt, hat seine Legitimität
schon verspielt. Eine solche Vergleichbarkeit entzog aber
schon Moses seinem Volk, denn er gab ihm „neue Kult-
gebräuche, die im Gegensatz stehen zu denen aller übri-
gen Menschen. Unheilig ist dort alles, was bei uns heilig,
andererseits ist erlaubt bei ihnen, was für uns als Schande
gilt."[164] Dazu gehört auch der für Römer völlig unver-

---

[163] Op. cit., p. 51.
[164] Tacitus, *Historien* V, 4 (lat./deutsch, trad. et ed. Helmuth
     Vretska, Stuttgart 2009², p. 604/05).

ständliche Monotheismus: „[B]bei den Juden gibt es nur
eine Erkenntnis im Geist (mente sola), den Glauben an
einen einzigen Gott."[165] Tacitus sieht auch den Übergang
zu diesem Monotheismus als das Produkt einer verwerf-
lichen Gesinnung. Wo man begann, die den Göttern zu-
stehenden Opfergaben zu konzentrieren, reduzierte sich
die Abgabepflichtigkeit. Monotheismus und Monopolka-
pitalismus, so könnte man völlig unhistorisch zuspitzen,
fallen für Charaktere zusammen, die sich vom Glauben
der Väter entfernen möchten. So sieht das jedenfalls Tacitus: „[Ü]berall waren es gerade die übelsten Elemente,
die ihren Väterglauben aufgaben und Tempelabgaben und
Spenden (tributa et stipes) dort zusammenhäuften [d. h.
monopolisierten, W. H.]; daher wuchs die Macht der Juden, (…)."[166]

Man braucht die Abscheu des Tacitus, die in solchen
und anderen Ausführungen zu den Juden zutage tritt,
sachlich nicht ernst zu nehmen.[167] Hier geht es nur darum,
daß er die Entstehung des Monotheismus mit finanziel-
len Erwägungen als erster in der Antike in einen Zusammenhang bringt. Natürlich ist auch diese Parallelisierung
sachlich nur begrenzt belastbar, aber sie zeigt doch, daß
die Realgeschichte des Monotheismus von politischen

---

[165] *Hist.* V, 5 (op. cit., p. 610/11).

[166] *Hist.* V, 5. (op. cit., p. 606/07).

[167] Natürlich haben sich seit dem 19. Jahrhundert antisemitische
Leser solcher Passagen bei Tacitus gerne bedient. Man darf
aber nicht sagen, daß Tacitus Antisemit war. Er kennt gar keinen Begriff einer Rasse. Ein Römer spricht von Geschlech-
tern im gentilischen, also traditionalen Sinne des Prinzips:
Legitimation durch Tradition. Vergleichbarkeit und damit
Legitimation wird für Tacitus stets aus Traditionen gestiftet.

und machtbezogenen Motiven derart durchsetzt ist, daß ihr gedanklicher Gehalt zunächst kaum erkennbar ist.

Echnatons Reduktion der Götter war gewiß ein brutaler Eingriff in die Sinnerfahrung von Kollektiven, die ihre Einhausung in göttergeschützte Areale wie Städte und Siedlungen plötzlich als bedroht ansehen mußten. Daher hatte Echnatons Idee auf Dauer auch keine großen Chancen. Dem Monotheismus in Altägypten war nur eine kurze Zeit beschieden, genau genommen nur die Zeit der Regentschaft von Echnaton selbst. Dennoch war diese Katastrophe eines ‚Theoklasmus‘ zugleich auch sinnproduktiv, denn sie entließ aus sich mit dem Auszug der Juden eine messianische Bewegung mit der Botschaft eines einzigen Gottes, der sein auserwähltes Volk, die Israeliten, durch Meere und Wüsten, durch Kriege und Gefangenschaften beschützend und strafend, als Gesprächspartner regulierend leitete und dereinst, wie man hoffte, erlösend erscheinen wird.

Aber der Messianismus war ineins auch die intrinsische Sprengkraft der neuen Konzeption. Der da kommen wird, war ja von Ewigkeit schon da, aber die Erlösung wurde erst dringlich in Zeiten von Vertreibung und Fremdherrschaft. Also zu spät. Und erst seit dieser Zeit gibt es schriftliche Zeugnisse. Auch das Bilderverbot erhält von hier aus gesehen einen neuen Sinn. An die Stelle von Bildern der Götter trat das erlösungsbedürftige Volk selbst. Nach *Genesis* 1, 26 wird der Mensch von Gott erschaffen als „ein Bild, das uns gleich sei“. ‚Uns‘ bedeutet hier, wie Interpreten wie Jean Soler meinen, soviel wie ‚unsereinem‘ und damit kokettiert der Bericht wieder mit einem verschwiegenen, aber noch bestehenden Polytheismus.[168]

---

[168] Cf. Jean Soler, *L'invention du monotheisme*, Paris 2002.

Von dieser ersten Stelle der Gottesebenbildlichkeit im
jüdischen Denken behauptet Gerhard von Rad, daß gerade hier der gesamte Hofstaat Jahwes mit eingeschlossen sei, das heißt: der gesamte Verwaltungsapparat und
damit das Volk.[169] Das setzt sich selbst in der jüdischen
Sekte eines individualisierenden Christentums fort, um
eine kollektive Institution wie die Kirche notwendig zu
machen. Das göttliche Ebenbild ist zwar individuell, aber
als Ebenbild nur in Gemeinde und Kirche real.

Was dem einen Gott blieb, war Ewigkeit und Undar-
stellbarkeit (summum illud et aeternum neque imitabile
neque interiturum), wie schon Tacitus notierte.[170] Aber
selbst die Verteidiger des Tempels in Jerusalem waren seinerzeit unter sich schon derart zerstritten, daß man beim
Nahen der Truppen der Römer sträflicherweise sogar die
Zeichen des bevorstehenden Unheils ignorierte: „Plötzlich sprang das Tor des Heiligtums auf, und man hörte
eine übermenschliche Stimme: ‚Die Götter ziehen aus
(audita maior humana vox excedere deos)‘ – und zugleich
gewaltiges Getöse des Auszuges."[171] Dieser Exzess der
Götter bzw. Gottes blieb für die Juden immer bedrohlich
und ist es noch.

Wenn es nur einen *Gott* gibt, können eigentlich keine *Götter* fliehen. Aber Tacitus schreibt als Römer, dem
die Juden fremdartig bis zur Verachtung sind. Eine Ähn-
lichkeit, die es erlaubt hätte, den jüdischen Gott in das
römische Pantheon zu integrieren, wollte sich einfach
nicht finden lassen. Gut, es gab bei den Juden Kulte, die

---

[169] Gerhard von Rad, *Das erste Buch Moses: Genesis*, Bd. 2, 6.
Aufl. Göttingen 1967, p. 38.
[170] *Hist.* V, 5. (op. cit., p. 610/11).
[171] *Hist.* V, 13.

denen des Bacchus (pater Liber) ähnlich waren. Aber dieser „stiftete festliche und fröhliche Bräuche (ritus), die
Sitte der Juden ist widerwärtig (absurdus) und schäbig
(sordidus)".[172]

Die römische Attitüde gegenüber einem Fremden, das
in keiner Hinsicht anschlußfähig an die eigene Tradition
war, soll uns hier nicht weiter interessieren. Denn bei der
sonst durchgängigen religiösen Liberalität der Römer
und vordem auch schon der Griechen war das eher ein
singulärer Fall.

Was uns interessiert, ist die Frage: Was macht man
mit einem Gott, der zwar einzig und geistig, aber eben
deshalb in gewisser Weise unverständlich sein mußte,
da er zwar volksspezifisch, aber nicht universalisierbar,
also anschlußfähig für andere Völker wirkt, sondern nur
lokal? Interessiert sich ein solcher Gott überhaupt für
seine Schöpfung insgesamt? Aus universeller Perspektive bliebe der Gott dann ebenso wenig verständlich wie
ein Bildhauer aus einer einzigen Plastik. Hier machte
das Christentum mit einigem Aufwand aus der Not eine
Tugend: Wenn der Gott schon singulär ist, dann braucht
man ihn auch nicht zu verstehen. Jedes Geschöpf bezeugt
ihn schon. Genau diese Unverständlichkeit wird gerade
ein Kennzeichen des Göttlichen. Was nicht unverständlich ist, kann auch nicht göttlich sein.

Diesen Schritt in eine Sakralisierung des Surrealen
vollzog das Christentum vor allem in seiner Anverwand-
lung der ausgearbeiteten spätantiken Tradition des Neuplatonismus. Die religionswissenschaftlich und ethnolo-
gisch belegten abenteuerlichen Entstehungsgeschichten
des Monotheismus im Gewirr von politischen und finan-

---

[172] *Hist.* V, 5. (op. cit., p. 610/11).

ziellen Strategien werden erst durch das neuplatonische
Denken im prägnanten Sinn ‚geheilt‘. Hier geht es endlich
um ein Göttliches, d. h. eine Monade, die uninterpretiert
bleibt, durch keine Religion jedenfalls besser legitimiert
werden kann als durch das Denken des Menschen in seiner ungebrochenen Universalität allein.

Das ist insbesondere bei dem ersten christlichen Neu-
platoniker Eriugena mit Händen greifbar. Diese irische
Ausnahmepersönlichkeit[173], von deren Leben man leider
nicht viel weiß, wirkte im 9. Jahrhundert im Westfran-
kenreich der Karolinger. Er war jedenfalls ein erster des
Griechischen kundiger Mann der Wissenschaft, Theologie und Bildung.[174] „Schon vor 847 machte ihn“, wie Werner Beierwaltes mitteilt[175], „Karl der Kahle zum Vorsteher
seiner Schola Palatina.“ In seinem Hauptwerk *Periphyseon* (nach Werner Beierwaltes 864–866) bietet er einen außerordentlich ambitionierten Weltentwurf, der als dialo-
gische ‚Summe‘ bezeichnet werden kann. Sie beginnt mit

---

[173] Werner Beierwaltes spricht geradezu von einer Faszination,
die von Eriugena ausgeht (ders., *Eriugena. Grundzüge seines
Denkens*, Frankfurt/M. 1994, pp. 13 sqq.).

[174] Cf. Gangolf Schrimpf, *Das Werk des Johannes Scottus Eriugena im Rahmen des Wissenschaftsverständnisses seiner
Zeit. Eine Hinführung zu Periphyseon*, Münster 1982.

[175] Werner Beierwaltes, *Vorbemerkung* zu Johannes Scotus Eri-
ugena, *Über die Einteilung der Natur*, übers. von Ludwig
Noack, Hamburg 1994, p. VI. Der vollständige Text von
Periphyseon findet sich in Migne *Patrologia Latina* 122, ed.
H. J. Floss, Paris 1853. Ferner: Johannis Scotti seu Eriuge-
na *Periphyseon*, lib. I–V (Corpus Christianorum, abgekürzt
CC, CLXI–CLXV, curavit Eduardus A. Jeauneau). Zu einer
umfassenden Würdigung cf. Werner Beierwaltes, *Eriugena.
Grundzüge seines Denkens*, Frankfurt/M. 1994.

dem Bekenntnis des Lehrers: „Oftmals habe ich erwogen und nach Kräften sorgfältig untersucht, wie sich alle im Geist erfassbaren oder die Anstrengung desselben übersteigenden Dinge zuerst und zuhöchst eintheilen lassen in Solches, was ist und was nicht ist."[176] Unter Natur versteht Eriugena also den Kontext dessen, was ist und was nicht ist. Insofern stellt er einen ontologischen Rahmen bereit, um in diesen das Panorama des Wissens und seiner Paradoxien in einer für seine damalige Zeit unerhörten Zusammenfassung hineinzustellen. Dazu gehört ein sich in den Erscheinungen verbergender und in diesem Entzug sich zugleich präsentierender Gott. Dieser ist einem wissentlichen Zugang entzogen, denn er ist kein Seiendes, kein Ding, kein Etwas. „Wie kann also die göttliche Natur selber verstehen, was sie ist, da sie ja Nichts ist?"[177] Auf diese Frage gibt Eriugena spektakuläre Antworten im Sinne einer negativen Theologie. Zunächst diese: „Gott (...) ist in jedem Etwas unbegreiflich, sowohl für sich selbst, als für jeden Verstand."[178] Zunächst besagt das soviel: Wo immer wir verstehen und erkennen, kann dies nur über ein Etwas gelingen. Gott ist aber kein Etwas, sondern das in jedem Etwas Unbegreifliche. Das heißt positiv: In jedem Etwas erscheint das Göttliche im Modus einer Unverständlichkeit.[179]

---

[176] *Über die Einteilung der Natur* I, 1 (op. cit., p. 3).

[177] *Über die Einteilung der Natur* II, 28 (op. cit., p. 203).

[178] Ibid.

[179] Das ist genuin plotinisch gedacht: „Das Sich-Selbst-Denken des Geistes kommt paradoxerweise dadurch zustande, daß sich das Denken in seiner ursprünglichen Intention auf das bezieht, was allem Denken entzogen bleibt (...)." Jens Halfwassen, *Plotin und der Neuplatonismus*, München 2004, p. 93.

Hier wird Eriugenas Lehre von dem, was ist und dem, was nicht ist, zur *Theophanie*.[180] Alles Begreifliche bezeugt das Göttliche in seiner Unbegreiflichkeit. Durch die dem Erkennen zugängliche Welt wird Gott nur verstellt. Er gehört nicht selbst zur Welt der Erkenntnis, ist über sie hinaus. Wenn das so ist, dann darf man auch der Konsequenz nicht ausweichen, die Eriugena dem Lehrer so in den Mund legt: „Jetzt aber haben wir in's Auge zu fassen, daß Gott nicht weiß, was er ist (quod deus quid sit non intelligit)."[181]

Der Schüler ist von dieser Mitteilung nachvollziehbar einigermaßen benommen und spricht von einem „wunderbaren göttlichen Nichtwissen", das wohl nicht besage, daß „Gott sich selbst nicht kenne, sondern nur, dass er nicht wisse, was er sei".[182] Das bedeutet: Gott ist mit sich selbst selbstverständlich bekannt, aber dazu braucht er keinen Umweg über ein diskursives Wissen. Für sich selbst genügt Gott ein Wissen vom Typ *knowledge by acquaintance*, noch genauer: vom Typ *knowledge by creation*. Er ist ja mit allem in intimer Weise durch seine Schöpfung bekannt. Er benötigt daher schon gar kein Wissen vom Typ *knowledge by description*. „[S]ein Nichtwissen [ist] unaussprechliches Verständnis (ignorantia ineffabilis est intelligentia)."[183] Man könnte auch sagen: Die göttliche Wissensform ist nicht-propositional, aber vollständig,

---

[180] Cf. hierzu *Über die Einteilung der Natur*, III. Buch, Kap. 19 (op. cit., p. 333 sq.).

[181] *Über die Einteilung der Natur* II, 28 (op. cit., p. 205) (CC CLXII, 89).

[182] Ibid.

[183] *Über die Einteilung der Natur* II, 28 (op. cit., p. 209) (CC CLXII, 93).

weil kreativ. „Das göttliche Nichtwissen", so Eriugena, „ist also die höchste und wahre Weisheit."[184] Damit ist sie allerdings nicht mehr übersetzbar in Sprachen vom Typ unseres Wissens. Und zwar grundsätzlich nicht. Ebensowenig wie wir unsere inwendigen Gefühle, wie es um uns steht, in Mitteilungen an den Arzt oder die Geliebte vollständig übersetzen können, obwohl wir prägnant um unsere Zustände wissen. Wir können nur Umschreibungen anbieten oder Winke geben, ‚wie uns ist'. Ebensowenig kann ein göttliches Wissen in menschliches übersetzt werden. Mehr als Winke kann es hier prinzipiell nicht geben.

Solche Winke stecken allerdings schon in uns, sie sind der Architektur unserer geistigen Verfassung zu entnehmen. Der basale Charakter dieser Architektur ist ja komprehensiv, zusammenfassend. Sie bewährt sich in synthetisierenden Erkenntnisakten. Die Vielfalt des Seienden wird in prädikative Formen zusammengefaßt, bis hin zu Gesetzen, die durch Gleichungen charakterisiert sind. Daß wir dies aber wiederum erkennen können, zeigt, daß sich unsere erkennende Energie in diesen positiven Erkenntnissen nicht erschöpft. Sie können ja selber Gegenstand eines reflexiven Erkennens werden. Damit werden alle Komprehensionsverfahren selber zum Gegenstand komprehendierenden Erkennens. Für sie gilt insgesamt, daß sie sich von einer unitären Obligation geführt wissen. Aber dieses Eine im Rücken ist, so besehen, noch kontaktfähig mit dem, worin es sich bewährt. Tatsächlich muß es auch als unabhängig von diesem Bewährungsbereich gedacht werden, wenn es denn wirklich selbständig ist. In dieser Fassung wird es dann aber nur ein Verschwe-

---

[184] *Über die Einteilung der Natur* II, 28 (op. cit., p. 209).

bendes sein, für unsere Selbstexplikation zwar notwendig, aber doch kein *cogitabile* mehr, uns und sich selbst erkenntnistranszendent, d. h. ein *incomprehensibile*.

So ungefähr lautet das Grundargument des neuplatonischen Denkens und hier steht auch Eriugena. Die Fülle des Denkens gründet im Nichtwissen. Selbst die Natur bezeugt, wie schon ausgeführt, jene Unbegreiflichkeit, die in allem, selbst wenn wir es identifizieren können, beschlossen bleibt. Aus diesem Blickwinkel nehmen Denken und Sein an einem Prozeß teil, der selbstkreativ ist. Eriugena vergleicht diese Art Kreativität, die über antizipierte Formen schöpferisch ist, dem Künstler und der Kunst.[185] Man hat deshalb nicht zu Unrecht in der Forschung festgehalten, „daß Eriugenas Denken und sein Gottesbegriff ‚ästhetisch' fundiert sind".[186] Schon 1976 hatte Werner Beierwaltes einen zusammenfassenden Beitrag zur mittelalterlichen Ästhetik vorgelegt, in dem Eriugena die Hauptrolle spielt.[187] Es ist vor allem sein Konzept einer Theophanie, der Lehre von der Erscheinung des Einen in Allem, die sein ontologische Konzept der Schönheit trägt. Im Schönen bekundet sich das Sein eines Nichtwissens, das zur Erscheinung kommt, ‚gelichtet' ist. Schönheit ist für Eriugena der wortlose Rückruf Gottes in die Welt, der Rückruf in ihren Ursprung, „weil Alles nach ihm strebt und seine Schönheit Alles an sich

---

[185] Cf. *Über die Einteilung der Natur* II, 23 (op. cit., p. 186).

[186] So prägnant Johann Kreuzer, *Gestalten mittelalterlicher Philosophie*, München 2000, p. 59.

[187] Werner Beierwaltes, *Negati Affirmatio: Welt als Metapher. Zur Grundlegung einer mittelalterlichen Ästhetik* (1976), wiederabgedruckt in: ders., *Eriugena. Grundzüge seines Denkens*, Frankfurt/M. 1994, pp. 115 sqq.

zieht".[188] Genau dieses Ansichziehende des Schönen vergleicht Eriugena auf der Basis des Wissens seiner Zeit und
ihrer Tradition einem Magneten, der „durch seine natürliche Kraft das sich ihm nähernde Eisen anzieht, gleichwohl aber, um dies zu thun, sich keineswegs bewegt, noch
vom Eisen, das er anzieht, etwas erleidet; so führt auch
die Ursache aller Dinge Alles, was von ihr stammt, wieder
zu ihr selbst zurück (...), lediglich kraft ihrer Schönheit
(sola suae pulchritudine virtute)".[189]

An diesem Konzept kann merkwürdigerweise gerade
eine Moderne anknüpfen, die den Sklavendienst an affir-
mativen Darstellungen hinter sich gelassen hat und sich
vom Rätselhaften des Sichtbaren angezogen fühlt. Das
Rätselhafte erscheint im Schönen und gewinnt über es
die Oberhand. Es muß nur suggestiv genug sein, um den
alten Anspruch des Schönen beerben zu können. Selbst
diabolic suggestions können dies. In einer weitgefaßten
Klassik versklavt das Schöne das Rätselhafte, in der Moderne versklavt das Rätselhafte das Schöne. Auch Eriugena berührte schon den Saum dieser Einsicht. Sein Holismus kommt an den Gründen der Schönheit nicht vorbei,
es mag das Desaströse und Verbrecherische im Detail und
lokal geben: „Denn es ist etwas Anderes, einzelne Theile
der Welt betrachten, etwas Anderes, das Ganze."[190]

Dieser Umbruch in der Moderne, der sich nur durch
Rückgriff auf Eriugena plausibel machen läßt, folgt der
Devise einer *Verwesentlichung des Nichtwissens.* Dieser
Umbruch ist im 20. Jahrhundert tatsächlich eher von der

---

[188] *Über die Einteilung der Natur* I, 74 (op. cit., p. 113).

[189] *Über die Einteilung der Natur* I, 75 (op. cit., p. 113/14) (CC
CLXI 107).

[190] *Über die Einteilung der Natur* V, 35 (op. cit., p. 312).

Kunst realisiert worden als von der Philosophie, die sich auch heute immer noch mit garantierenden Kriterien für Wissen abmüht, von denen sie doch wissen müßte, daß es sie nicht geben kann und daß autorisierende Kriterien auch völlig ausreichen. Ein Nichtwissen bleibt auch in allen Formen autorisierten Wissens präsent.

Eben weil die Philosophie diesem Gedanken im 20. Jahrhundert nicht nachkam, nahm es nicht Wunder, daß drei bedeutende Dichter des 20. Jahrhunderts positiv an Eriugena angeknüpft haben. Das waren James Joyce (1882–1941)[191], Ezra Pound (1885–1972)[192], Jorge Luis Borges (1899–1986).[193]

Es könnte aber sein, daß Eriugenas Verwesentlichung des Nichtwissens noch eine Zukunft in der Philosophie hat, die heute noch nicht abzusehen ist. Einstweilen können wir Denkern wie Werner Beierwaltes, Jens Halfwassen[194] u. a. jedenfalls dankbar sein, daß sie diese Ausnahmefigur und ihren Hintergrund für unsere Zeit gerettet haben.

In der Tat gibt es Anlaß für die Vermutung, daß die Dinge sich zum Positiven wenden. Markus Gabriel greift aus der Hintergrundsfolie des Neuplatonismus und vor allem Eriugenas Verwesentlichung des Nichtwissens pro-

---

[191] Cf. hierzu den sehr flott geschriebenen Artikel von Thomas A. Carlson/Berkeley: *World and Self-Creation in Eriugena and Joyce* (2013), link: www.soc.ucsb.edu/projects/ct3.

[192] Cf. Peter Liebregts, *Ezra Pound and Neoplatonism*, Cranburg N. J. 2004.

[193] Zu Pound und Borges cf. Werner Beierwaltes, *Eriugena*, op. cit., pp. 320–330.

[194] Cf. Jens Halfwassen, *Hegel und der spätantike Neuplatonismus*, Bonn 1999; ders., *Der Aufstieg zum Einen. Untersuchungen zu Platon und Plotin*, München/Leipzig 2006.

filierend in ein neues Verständnis der Kunst hinein und
befindet im Sinne eines modernen Surrealismus: „Die
Kunst verrückt die Gegenstände aus den Sinnfeldern, in
denen sie uns normalerweise erscheinen, ohne dass uns
bewusst würde, wie sie erscheinen."[195]

Es könnte sogar sein, daß sich in diesen Einsätzen eines neuen Denkens das Profil einer anderen Aufklärung
greifen läßt, die sich den abgenutzten Reduktionspro-
grammen des 20. Jahrhunderts nicht mehr fügt. Im Lichte
dieser Neubestimmung scheint sie vielmehr endlich wieder aus ihren Anfängen zu wissen, daß sie angetreten ist,
um den Diskursen eine Freiheit zu gewähren, die den Facetten unserer Sachorientierung Rechnung tragen kann,
ohne Phänomenbestände preiszugeben. Wahrheit bleibt
die Orientierung, aber ist nicht mit einer Option für einen monopolisierten Zugang zu ihr verknüpft. So löst
sich auch für Markus Gabriel die Orientierung am *Einen*
aus den Zwängen einer begrifflichen *Einengung*. Damit öffnet er das Denken für einen porösen Monismus,
der dennoch keine Beliebigkeit impliziert: „Alles tritt
letztlich vor einem Hintergrund hervor, der selbst nicht
hervortritt."[196] Vor diesem befinden wir „uns alle auf einer gigantischen Expedition – von nirgendwo hier ange-
langt", und „schreiten gemeinsam fort ins Unendliche".[197]

Diese Übersetzung des Neuplatonismus in unsere Zeit
besteht also

---

[195] Markus Gabriel, *Warum es die Welt nicht gibt*, Berlin 2013,
p. 215.
[196] Markus Gabriel, op. cit., p. 235. Hervorh. von mir.
[197] Markus Gabriel, op. cit., p. 256.

1. negativ in einer Freilenkung des Absoluten und Einen aus verdinglichenden Einengungen, wie sie in esoterischen Kreisen gepflegt werden. Besteht aber

2. in einer positiven Interpretation des Absoluten und Einen als *Freiheit*, und zwar im Sinne einer anarchischen Gelassenheit, gemäß der Generaldevise Plotins: ἄφελε πάντα.[198]

Damit ist ein Schritt in die Zeit eines neuen Surrealismus getan und zugleich ein ‚neuer Realismus‘[199] etabliert, der nicht naiv ist, sondern um die Multiplikation der Tatsachen in unterschiedlichen *Sinnfeldern*[200] weiß, ohne sie als Tatsachen zu leugnen. Zu einem wirklich umfassenden Realitätsverständnis gehören auch die Realitäten der Linsen unserer Weltzugänge. Diese müssen in jeder Zeit neu geschliffen werden, um die Sichtbarkeit der Welt zu verbessern, um ihre Schönheit immer deutlicher *hervortreten* zu lassen. Woher?

---

[198] *Enn.* VI 9, 11, 23. Diese Interpretation hat Markus Gabriel vorgelegt in seinem Buch *Skeptizismus und Idealismus in der Antike*, Frankfurt/M. 2009, § 11 *Plotins Heilsversprechen – Das Eine als Freiheit*, pp. 285 sqq.

[199] Markus Gabriel und Maurizio Ferraris haben beide am 23.6.2012 ca. 13.30h im Restaurant *Il Vignolo* in der Nähe des Istituto italiano per gli studi filosofici in Neapel erstmals diesen neuen Realismus propagiert, um den zeitgenössischen Konstruktivismen aller Art entgegenzutreten. Cf. Maurizio Ferraris, *Manifesto del nuovo realismo*, Bari 2012. (Markus Gabriel, *Warum es die Welt nicht gibt*, op. cit., p. 10.)

[200] Cf. Markus Gabriel, *Warum es die Welt nicht gibt*, op. cit., p. 254: „Die Sinnfeldontologie ist meine Antwort auf die Frage, was der ‚Sinn von Sein‘ ist (…).“

2. Die Verwesentlichung des Verborgenen im Sohar

Wie immer die Entstehung des *Sohar* als Text seit dem legendären Rabbi Schimon ben Jochai im 2. Jahrhundert von den Historikern entschlüsselt werden mag, Mosche ben Schemtow de León jedenfalls gilt einstweilen, unterstützt von Gershom Scholem[201], als Autor, möglicherweise flankiert von anonymen Mitstreitern.[202] Er lebte bis 1305 in Spanien, genauer in Kastilien, zuletzt in Ávila. Dieser Text hat, allerdings erst in seinem erheblich späteren lurianischen Format, über den schwäbischen Pietismus und Schelling einen eminenten Einfluß auf die deutsche Philosophie gehabt. So sehr dieser Text auch ansonsten häufig als Geheimwissen mißbraucht wurde, er enthält Motive, die nicht nur seinerzeit für Schelling, sondern auch im 20. Jahrhundert z. B. für James Joyce (*Ulysses*, Paris 1922) und noch heute stimulierend sind. Ich möchte hier nur wenige Motive der alten Version aufgreifen, die für ein tieferes Verständnis des Surrealismus wichtig sind.

Vorab eine kurze Bemerkung zur ‚Methode‘ des *Sohar*. Dieses ‚Buch des Glanzes‘ versteht sich als eine Auslegung heiliger Texte, der Thora, des Talmuds etc. In diesem Sinne ist der *Sohar* ein hermeneutischer Text. Aber

---

[201] Cf. die *General Introduction* der Anthologie *The Wisdom of the Zohar*, vols. I–III, eds. Fischel Lachower/Isaiah Tishby, trad. David Goldstein, repr. Oxford 1991, p. 94.

[202] Cf. Gershom Scholem, *Die Geheimnisse der Schöpfung. Ein Kapitel aus dem kabbalistischen Buch Sohar*, Frankfurt/M. 1992, pp. 13 sqq. Scholem stellt in diesem Buch genau die Schöpfungspassagen vor, die mich hier interessieren. Obwohl er in Sachen Sohar natürlich wesentlich kompetenter ist als ich, schätze ich doch die schrundigen Texte der Übersetzungen eher als seine intellektuellen Glättungen.

der Sinn der von ihm praktizierten Hermeneutik ist etwas
gänzlich Neues. Normalerweise dient die Hermeneutik
der Klärung dunkler Schriftstellen, was dunkel ist oder
geworden ist, soll hell und verständlich gemacht werden
und sei es durch Ausweitung von Interpretationsspielräu-
men im Sinne vielfacher Schriftsinne. Anders der *Sohar*.
Er praktiziert nicht eine aufhellende, sondern geradezu
eine verdunkelnde Hermeneutik. Was klar geschrieben
steht wird durch seine Auslegungen ins Geheimnisvolle
gerückt. Warum?

Auch altehrwürdige Offenbarungstexte verlieren im
Lauf der Jahrhunderte ihre geheimnisvolle Aura, ihre Rät-
selhaftigkeit schwindet, die Texte zeugen von einer knö-
chernen Klarheit wie versteinerte Skelette uralter Relikte.
Das kann zu einer Gefahr für ihre Verbindlichkeit werden und wurde es. Hier bedarf es einer Hermeneutik im
Dienste einer Erneuerung des Geheimnisvollen. Sie kann
nur praktiziert werden von Geistern, die aus umfassender
Gelehrsamkeit deutend Kontexte herzustellen vermögen,
aus denen die Präsenz des Geheimnisvollen, wenn schon
nicht dem Buchstaben nach, so doch mittelbar aus dem
Kontext des Ganzen evident wird. Diese verhüllende
Hermeneutik bildet nur die ebenso verhüllte Präsenz eines Verborgenen nach, in dem das Göttliche wie in einem
Tresor verschlossen bleibt, auch vor sich selbst. Nachdem
das *Neue Testament* der Christen mit Markus (15, 38) die
Sterbeszene von Jesus mit dem Zerreißen des Tempelvor-
hangs (velum templi scissum est)[203] in dem Sinne gedeutet

---

[203] Cf. dazu Friedrich Ohly, *Vom geistigen Sinn des Wortes im
Mittelalter* (1958), Darmstadt 1966, p. 3. Ohly sieht gerade
die wesentliche Aufgabe der christlichen Philologie des Mit-
telalters „in der Enthüllung des im Buchstaben verborgenen
geistigen Sinns des Worts, der nach Bernhard von Clairvaux

hatte, daß von nun an die Sichtbarkeit Gottes selbst möglich ist, bedurfte es bei dem Erblasser des Christentums
einer Bemühung, den zerrissenen Vorhang wieder zuzu-
nähen, um die Verborgenheit des Göttlichen zu restituie-
ren. Genau das leistet der *Sohar* mit einer Hermeneutik
als *ars suendi*.

In diesem Sinne verfährt der *Sohar*, d. h. im Sinne einer
Verwesentlichung des Aenigma als einem Verborgenen,
von dem ich im folgenden, wie schon gesagt, nur wenige
Motive aufgreifen und vorstellen möchte, wie sie für einen Surrealismus auch heute noch belangvoll sind.

Da ist zunächst eine kleine Bemerkung (III. fol. 127b–
128a), die die Unentbehrlichkeit des Geheimen begrün-
den soll, aber, wie so vieles im *Sohar*, schwer verständlich
ist. In der englischen Anthologie lautet sie in der Übersetzung von David Goldstein: „the world endures only
because of the mystery.“[204] In der deutschen Übersetzung
von Ernst Müller: „Es ist aber der Welt kein Bestand als
durch das Geheimnis.“[205] In den Zeilen zuvor wird nahe-
gelegt, daß sich dieser Umstand auch in der Stabilität der
Psyche dokumentiert. Auch sie gründet in der Bewah-
rung eines Geheimnisses, ihr verdankt sich die Beständig-
keit des Geistes (‚have a stabil mind‘). Nur ein solcher
Geist verfügt über eine in sich selbst stimmige, d. h. ‚ge-
treue‘ Verfassung. Eben deshalb muß er fähig und in der

---

mit der Kreuzigung des Wortes auch für das Alte Testament
geoffenbart wurde, als der ‚Vorhang des tötenden Buchsta-
bens zerriß‘“. Cf. hierzu auch die Nachweise von Ohly in
Anm. 2.

[204] Fischel Lachower/Isaiah Tishby (eds.), op. cit., vol. I, p. 158.

[205] Ernst Müller (trad. et ed.), *Der Sohar. Das heilige Buch der
Kabbala*, Düsseldorf/Köln 1982, p. 29.

Lage sein, ein Geheimnis zu wahren: „The thing depends on the spirit."[206]

Das oberste Geheimnis, das Geheimnis der Schöpfung, wird Rabbi Schimon und seinem Sohn, Rabbi Eleasar, durch den Propheten Eliahu in Form einer Etymologie des Namens Elohim ‚enthüllt' und zwar interessanterweise ‚am Ufer des Meeres'.[207] Am Ufer des Meeres vernehmen wir nach Leibniz im Gesamtgeräusch des Meeresrauschens das Geräusch jedes einzelnen Tröpfchens, am Ufer des Meeres läßt uns Paul Valéry das *objet ambigu* entdecken.

Eliahu sagt (I. fol. 1b–2a): „In der Zeit, als der Verborgene aller Verborgenen sich offenbaren wollte, schuf Er im Anfang einen Punkt und der erhob sich ein Gedanke zu werden, in ihn malte Er alle Gestalten und prägte Er alle Formen, prägte in eine heimliche, heilige Leuchte eines heimlichen Bildes Form: Als Allerheiligstes, als urtiefen Bau, der aus dem Gedanken entsprang."[208]

Der Punkt ist noch nicht die Welt, aber ihr Gründungsdokument. Er „ist das ‚Wer', der Urbeginn des Baus, der ist und nicht ist, tief verborgen in seinem Namen".[209] Die Offenbarung dieses anonymen ‚Wer', ohne daß seine Anonymität allerdings restlos gelüftet werden könnte, gelingt aber erst, wenn er sich mit einem „kostbar leuch-

---

[206] Fischel Lachower/Isaiah Tishby (eds.), op. cit., ibid.

[207] Leider ist diese Passage in die englische Anthologie nicht aufgenommen worden, so daß ich mich hier auf die deutsche Übertragung von Ernst Müller allein stützen muß. Aufschlußreich ist allerdings der Kommentar in der englischen Anthologie vol. I, pp. 294 sqq.

[208] Ernst Müller, *Der Sohar*, op. cit., p. 71.

[209] Ernst Müller, *Der Sohar*, op. cit., ibid.

tenden Gewand" umhüllt.[210] Das ‚Wer' verhält sich zu diesem Gewand, er „nannte es ‚Dieses' (Eleh), so kam das ‚Dieses' in seinen Namen. Es verbanden sich die Zeichen miteinander und bildeten so den Namen Elohim."[211]

Das ‚Wer' bleibt also unentdeckt, der Punkt bleibt Ausgangspunkt im strikten Sinne eines Anfangs, der sich noch nicht preisgegeben hat und niemals komplett preisgeben kann, weil genau das zum Wesen eines Anfangs gehört.[212] Der Anfang muß gerade als Anfang im Grunde bleiben. Erst das ‚Dieses' oder ‚Was' wird Gegenstand unserer Erkenntnis und forschenden Bemühungen. Rabbi Eleasar: „Was für ein Unterschied besteht zwischen dem ‚Wer' und dem ‚Was'? Jenes Wer entzieht sich allen Fragen. Wenn ein Mensch forscht und fragt und suchend aufsteigt von Stufe zu Stufe und bis zum Ende aller Stufen gelangt, dann begreift er das ‚Was'."[213] Der Anfang bleibt uns mithin immer entzogen, so auch Gott sich selbst im Beginn seiner Selbstoffenbarung (*Ensof*). In Erinnerung

---

[210] Hierher stammen die Zeilen Hölderlins (*Griechenland*, Dritter Entwurf):
„Gott anhat ein Gewand.
Und Erkenntnissen verberget sich sein Angesicht, (…)."
Hölderlin, *Sämtliche Werke und Briefe*, ed. Michael Knaupp, Bd. 1, München 1992, p. 479. Cf. auch Christoph Jamme, *Gott an hat ein Gewand*, Frankfurt/M. 1999².

[211] Ernst Müller, *Der Sohar*, op. cit., p. 72.

[212] Cf. auch Schellings Analyse einer Protodynamik aus einem punktförmigen Start. Hierzu: Wolfram Hogrebe, *Prädikation und Genesis. Metaphysik als Fundamentalheuristik im Ausgang von Schellings Weltaltern*, Frankfurt/M. 1989, p. 88 sqq. Ital. *Predicazione e Genesi*, a cura di Simone Luca Maestrone, Torino 2012.

[213] Ernst Müller, *Der Sohar*, op. cit., p. 71.

an Hermann Cohen möchte man geradezu sagen: Der
Anfang des Denkens ist das Denken des Anfangs.[214] Erst
in der Selbstbewegung des revelatorischen Prozesses,
aber immer nur indirekt, gibt auch Gott sich als Anfang
von allem, auch von sich selbst, zu erkennen als der, der
er ist. He „moves from the secrecy of the unanswerab-
le question in order to reveal itself as the originator of
creation".[215]

Dieser Versuch einer etymologischen Einholung des
Schöpfungsgeschehens korrespondiert mit einer anderen
Verbildlichung (I. fol. 231a), die nicht einer etymologischen, sondern einer allegorischen Strategie folgt. Und
zwar heißt es in *Sprüche* 9, 1, daß Er die Welt auf sieben
Säulen gegründet hat. Hier fragt es sich: „Doch worauf
diese Säulen stehen, ist unbekannt geblieben, weil dies ein
tiefes, das allerverborgendste Geheimnis ist."[216]

Der *Sohar* ist in solchen Prämienzuteilungen eines
Verborgenen ziemlich großzügig, bietet hier daher auch
eine recht freihändige Auslegung unter dem schönen
Titel *Stein der Grundlegung* (the foundation stone).[217]
Hiernach wurde die Welt nicht erschaffen, „ehe ein Stein
genommen wurde, der ,Stein der Grundsetzung' gehei-
ßen. Ihn nahm der Allheilige und warf ihn in den Abgrund (*abyss*), so daß er von oben nach unten wuchtend

---

[214] Cf. Hermann Cohen, *Logik der reinen Erkenntnis*, Berlin
1922³, p. 36: „Denken ist Denken des Ursprungs. Dem Ursprung darf nichts gegeben sein."

[215] Fischel Lachower/Isaiah Tishby (eds.), op cit., vol. I, p. 295.

[216] Ernst Müller, *Der Sohar*, op. cit., 86.

[217] Fischel Lachower/Isaiah Tishby (eds.), op cit., vol. II, pp. 570
sqq.

eindrang, und von ihm aus pflanzte er die Welt."[218] In der englischen Version heißt es: „The Holy One (…) placed it [the stone, W. H.] so that it might be the foundation of the world, and the foundation of all."[219]

Solche Steinbilder sind auch in der Philosophie bis Kant sehr beliebt. Er spricht z. B. gern von einem ,Schlußstein' seines Systems.[220] Ohne die gerade vorgestellte Passage im *Sohar* schon zu kennen, hatte ich in einem Vortrag in Heidelberg 2006 auch von diesem Steinbild Gebrauch gemacht, „um die Kuppel der Kathedrale der Vernunft [Kants] einstürzen zu lassen". Ich führte damals aus: „Wir müssen es geschehen lassen, daß der vollständig bestimmte Schlußstein [das *transzendentale Ideal* Kants] aus der Kuppel herausbricht und, alle Bestimmung verlierend, auf die Basis, die Sinnlichkeit, herunterstürzt, um eben diese mit ungeheurer Wucht nach unten zu durchschlagen. Mit dieser bildlichen Inszenierung machen wir den epistemischen Schlußstein (*lapis ultimus*) zum epistemischen Grundstein (*lapis primarius*)."[221]

Nach dieser Regie wird, wie im *Sohar*, auch bei Kant eine Welt geschaffen, die epistemisch überhaupt zugänglich ist und Erkenntnisgegenstand werden kann. Der lapis ultimus ist nämlich und wird nach dieser Veranschaulichung ,Bestimmungsgrund' der Dinge als ,transzendentales Objekt'. „Dieses bedeutet aber ein Etwas=x, wo-

---

[218] Ernst Müller, *Der Sohar*, op. cit., p. 86.

[219] Fischell Lachower/Isaiah Tishby (efds.), op. cit., p. 570. Eine andere Version folgt auf Seite 571.

[220] Cf. *Kritik der praktischen Vernunft* A 4.

[221] Wolfram Hogrebe, *Die Wirklichkeit des Denkens*, eds. Jens Halfwassen/Markus Gabriel, Heidelberg 2007, p. 17. Die folgenden Erläuterungen sind diesem Text entnommen.

von wir gar nichts wissen, noch überhaupt wissen (...) können."[222] Dennoch ist genau dies der lapis primarius, auf dem die Welt unserer Erkenntnisse aufgebaut ist. Man kann diesen Grundstein auch als *intentionale Variable* bezeichnen, also als jenes x, das invariant mitgegeben ist, wenn ich mich auf Inschriften wie a, b, c … intendierend beziehe. Hier handelt es sich mithin um den Prototypen der Referenz, der das *ens originarium* ist[223], das unsere prädikativ bestimmbare Welt transparent und damit erkennbar macht. Dennoch bleibt der *Bestimmungsgrund* als solcher jedem Erkennen entzogen und kann nur als Erkenntnisbedingung, d. h. transzendental verständlich gemacht werden.

Wir gründen mithin, nicht nur im *Sohar*, sondern auch mit Kant in einem Verborgenen, dessen Geschichte nicht nur die Philosophie, sondern auch die Religion verwaltet. Nur deshalb gibt es so etwas wie Heiliges und einen tiefen Ernst, der allerdings in Lachen umschlagen kann. Im *Sohar* weint der Rabbi, meistens. Aber er kann auch lachen. Seine Selbstironie befreit uns davon, die Weltverhältnisse zu ernst zu nehmen, ohne ihre Tiefe zu leugnen. Welcher Philosoph hätte sich je ein solches therapeutisches Lachen zugetraut? Meistens lachen Philosophen schrill, wie Nietzsche, als bedürften sie selber der Therapie.

Die Verwesentlichung des Nichtwissens durch Eriugena und die Verwesentlichung des Verborgenen im Sohar holen beide eine Dimension unseres Selbstverständnisses ein, die wir im Alltag so gut wie gar nicht benötigen und spüren, aber stets dann, wenn wir in Grenzsituationen um den Sinn des Ganzen ringen, der uns doch ent-

---

[222] *Kritik der reinen Vernunft* A 250.
[223] *Kritik der reinen Vernunft* A 578/B 606, .

zogen bleibt. Daß das so ist, gehört zur Architektur des menschlichen Geistes. Und deshalb darf die Philosophie solche ultimativen Ausgriffe in die Hintergründe unseres Selbstverstehens auch nicht verschmähen. Wer das vor den Philosophen schon bemerkt hatte, war in der Tat der Surrealismus. Seine bewegende Einsicht muß in etwa die gewesen sein, die Gershom Scholem in der Wirkung heiliger Texte beschlossen sah: „daß nämlich ihre Wirkung auf die Seele keineswegs von ihrem Verstandenwerden abhängt."[224]

Im *Sohar* ist es mithin die Spannung zwischen Verborgenem und Offenbarem, die niemals aufgehoben, sondern in immer neuen Variationen zum Klingen gebracht wird. Gerade auch da, wo im *Sohar* der ohnehin ständig untergründige Bezug zur Sprache und ihrer revelatorischen Kraft explizit wird (I. fol. 74a–b). Von Jakob ging eine Stimme aus, „von da ab wurde der früher verborgene Gedanke hörbar und offenbar. Und als der Gedanke noch weiter zur Offenbarung sich breitete, stieß er an die Lippen und hervorging das Wort, das alles vollendet und alles offenbart. Und doch ist alles nur der verborgene Gedanke, der im Innern ist, und alles ist eines."[225]

Die Verwesentlichung des Verborgenen besteht also darin, aus ihm die Möglichkeit der Offenbarung als solcher zu erklären, ohne das Verborgene zu tilgen. Genau davon war auch der Surrealismus überzeugt. Aus solchen Verhältnissen allein lassen sich Ahnungen, Vermutungen und Intuitionen in ihren aufschließenden Funktionen

---

[224] Gershom Scholem, *Die Geheimnisse der Schöpfung*, op. cit., p. 9.

[225] Ernst Müller, *Der Sohar*, op. cit., p. 223. Fischel Lachower/ Isaiah Tishby (eds.), op. cit., vol. I, p. 327.

verständlich machen, jene Fühlhörner des Geistes (Goethe), mit denen er sich an Entzogenes herantastet, ohne es je vollständig aufhellen zu können. Das ist kein Defizit, sondern die Arbeit der Aufklärung. Sie ist ihrem Wesen nach Arbeit am Verborgenen, auch in der Weise, in der wir uns selbst verbergen, um uns denkend zu finden.

Unnachahmlich, wie Salvador Dalí seinen Roman *Hidden faces* (1944) aus der Endzeit des letzten Weltkrieges mit dieser Einsicht im Bild enden läßt: „[A]nstatt aufzuschauen, senkte der Graf von Grandsailles den Kopf und verbarg sein Gesicht in den Händen."[226]

---

[226] Salvador Dalí, *Verborgene Gesichter*, trad. Rolf Hermstein, Frankfurt/M. 1973, p. 382 (original: *Hidden faces*, 1944).

IV. Sprung und Zerfall: Josef Königs semantischer Surrealismus

Um die Zeit, als in Paris der ästhetische Surrealismus sich projektiv zu stabilisieren anschickte, dachte an der Universität Göttingen ein junger Philosoph über den intuitiven Anteil unserer intentionalen Bezüge nach, in Auseinandersetzung mit großen Denkern der Philosophiegeschichte, u. a. mit Plotin, Cusanus, Kant, Hegel, Goethe, Dilthey, Bergson und Husserl. Es handelt sich um Josef König (1893–1974), Schüler von Georg Misch (1878–1965), dem Schwiegersohn von Wilhelm Dilthey (1833–1911) und Autor der monumentalen *Geschichte der Autobiographie*[227]. Königs Dissertation über den *Begriff der Intuition* ist zwar erst 1926 in Halle erschienen, war aber bereits 1920 konzipiert und 1923 als Dissertation in Göttingen eingereicht und 1924 angenommen worden. Dieses Buch ist vielleicht das mutigste der Philosophie seiner Zeit gewesen, bis 1927 Heideggers epochales Werk *Sein und Zeit* erschien. Mutig ist dieses Erstlingswerk Königs deshalb, weil er ganz unbeirrt ein Meister-

---

[227] Georg Misch, *Geschichte der Autobiographie*, Bd. I–IV, Frankfurt/M. 1949–1969 (Bd. I, 1907; Bd. IV posth. 1969). Georg Misch verdanken wir auch eine heute immer noch unentbehrliche Abgleichung der philosophischen Programme von Lebensphilosophie und Hermeneutik. Cf. ders., *Lebensphilosophie und Hermeneutik. Eine Auseinandersetzung der Diltheyschen Richtung mit Heidegger und Husserl* (1930), Stuttgart 1967[3].

stück spekulativen Philosophierens vorgelegt hat, in einer
Form des Philosophierens also, die auch seinerzeit schon
obsolet war, ohne die aber die Architektur des menschlichen Geistes in ihren Hintergründen nicht ausgelotet
werden kann. Genau darauf wollte König seinerzeit nicht
verzichten.

In der Einleitung beginnt König mit der lapidaren
Feststellung: „Unsere Bestimmung des Begriffs der Intuition ist selbst eine Intuition (…).“[228] Leitend ist für ihn die
vorläufige Vermutung, „daß jedes geistige Erfassen, Ge-
wahren, Ergreifen, Innewerden *als solches* (…) eine Intuition ist“.[229] In dieser ungewöhnlich weiten Fassung hat jedes Thematisieren, von der Anschauung über begriffliche
Bestimmungen bis zu wissenschaftlichen Erkenntnissen
einen irreduziblen intuitiven Kern. Dieser besteht invariant in dem Moment eines *Zusammen* von Thematisie-
rendem und Thematisiertem, von Intendieren und Intendiertem, von Meinen und Gemeintem. So auch schon bei
dem bloßen Sehen: „Das Gesehene entsteht nicht durch
das Sehen; aber faktisch ist es nicht ‚ohne es‘, nicht ‚ohne‘
den Sehenden.“[230]

Was hier also in Frage steht, ist der meinende Anteil
von Sehen und Erkennen. Ihm geht König in eindring-
lichen, manchmal in ihrem Kontext schwer verständlichen Analysen in dem gesamten Buch nach. Die zentrale
Frage bleibt, was dieses *Zusammen*, „was Einheit hier
bedeutet“.[231] Genau diese in ihrer Eigenart fragliche ‚Einheit‘ ist das meinende Geheimnis der Intuition. Tatsache

---

[228] Josef König, *Der Begriff der Intuition*, Halle 1926, p. 3.
[229] Ibid.
[230] *Der Begriff*, op. cit., p. 4.
[231] Ibid.

ist, daß wir immer dann, wenn wir etwas meinen, in einen
‚imaginären' Bezug[232] eintreten, in dem das Gemeinte als
Ansichseiendes zu einem *Fürunssein* wird. Beides gibt es
eben nur in intendierenden Bezügen, die insofern einen
ausgezeichneten Status haben, der in seiner Struktur als
intuitives Moment solcher Bezüge analysiert sein will.
König hat also nicht so etwas im Auge wie Intuitionen
im Sinne von ‚Einfällen', die uns plötzlich ‚zufliegen',
auch nicht so etwas wie ‚Ahnungen', die uns situations-
abhängig ‚beschleichen'.[233] Ihm geht es vielmehr um das
grundsätzliche Phänomen einer Verwandlung von Sub-
jekten zu Erkenntnissubjekten und von Objekten zu Er-
kenntnisobjekten. In einem meinenden Bezug geschieht
ja genau dies: Erkennende stoßen auf Erkennbares bzw.
Erkanntes. Dieses ‚Stoßen auf' ist aber kein gebahnter
Übergang, sondern ein *Sprung*[234]. Von diesem hatten wir
schon bei Fichte gehört, der von einem *hiatus irrationalis*
spricht.[235] Dieser besteht auch zwischen den Formen der
natürlichen Welteinstellung und der von König intendierten Aufklärung ihrer Voraussetzungen. Auch hier gibt es
den nämlichen Abstand, den auch schon Fichte bemerkt
hatte: „Zwischen aller möglichen gelehrten Bildung und
dem Uebersinnlichen ist eine absolute Kluft, durch das
Nichts hindurch. Diese kann eben nur[236] übersprungen

---

[232] Ibid. et passim.

[233] Cf. hierzu Wolfram Hogrebe, *Ahnung und Erkenntnis.*
Brouillon zu einer Theorie des natürlichen Erkennens,
Frankfurt/M. 1996.

[234] *Der Begriff,* op. cit., p. 7 et passim.

[235] Cf. oben p. 52 sq.

[236] Bei Immanuel Hermann Fichte steht hier ‚nun'.

werden (…)."[237] Dieser Auffassung ist auch Josef König. Auch diejenigen unter den Philosophen, die gern und nur im Verständlichen dümpeln, basteln sich ein rechtfertigendes System unter dem Titel eines Empirismus. Aber sie übersehen, „daß es eben wahrhaft Unbegreifliches, reelle Aporien des Anfangs gibt (…)".[238]

Hier ist mithin ein Sprung vonnöten, der, bezogen darauf, was ihm rationaliter folgt, selber irrational ist. Josef König, unnachahmlich: „Der Gang zum Sinn ist selber sinnlos."[239] Es gibt nach König weder Pfade zu Gegenständen des Meinens, noch Pfade zu anderen Meinenden, noch Pfade zwischen Gemeintem. Hier sind, um solche Übergänge zu ermöglichen, überall Sprünge nötig. Aber wie sind solche Sprünge möglich? Keineswegs in einem Raum anonymer, idealer Bahnungen: Ein ‚drittes Reich‘, so König gegen Frege, gibt es nicht.[240] Möglich werden solche Übergänge als Sprünge nur vor einem „selbst qualitätslosen Hintergrund"[241], also im Imaginären. In diesem Raum riskanter Intellektualität gründet auch unser Nichtfestgelegtsein, unsere Freiheit und Kreativität. Das Absolute macht in diesem Sinne unsere Sprünge mög-

---

[237] Johann Gottlieb Fichte, *Fünf Vorlesungen über die Bestimmung des Gelehrten* (1811), in: *Fichtes Werke*, ed. Immanuel Hermann Fichte, Bd. XI, Berlin 1971, pp. 145 sqq., hier p. 180. Für Fichte sind solche Sprünge ‚Gesichte‘ und wer solche hat, ist ein Künstler, wie bei Novalis und später Beuys also jeder Mensch. Cf. auch Reinhard Lauth, *Vernünftige Durchdringung der Wirklichkeit. Fichte und sein Umkreis*, Neuried 1994, p. 382.

[238] *Der Begriff*, op. cit., p. 24.

[239] *Der Begriff*, op. cit., p. 25.

[240] Cf. *Der Begriff*, op. cit., p. 418 et passim.

[241] Ibid.

lich, aber auch nötig, denn es bleibt ein uninterpretiertes Eines, das *Zusammen* unserer intelligenten und schon visuellen Akte: „Nur um des Einen willen also, können wir anschauen; nur deshalb, weil das Absolute *Eines* ist und weil es ‚ist‘, zerfällt die Welt in jene Urbereiche von Subjekt und Objekt.“[242] So ist die Intuition schon in unser Wahrnehmen eingebaut und macht es als „‚Blick‘ aus dem Nichts des Bewußtseins auf eine totale Sphäre“[243] möglich. Die Architektur unserer Intelligenz ist daher an seiner Basis vor allem durch das intuitive Moment charakterisiert, es macht geradezu das Wesen unserer Intelligenz aus. Das Anspringende einzelner Intuitionen im landläufigen Sinne von Lösungseinfällen ist dann nur ein spürbarer Spezialfall von etwas, was unsere intelligenten Handlungen schon intrinsisch charakterisiert, möglich und nötig macht: „Das Erkennen ‚springt‘ dann oder vielmehr es zeigt sich als ein ewig in sich Zersprungensein.“[244] Mit Goethe erkennt König darin die angeborene Genialität des Homo sapiens, die sich als solche schon in jeder Wahrnehmung riskiert. „Beim Sehen, könnte Goethe scherzend sagen, ist jeder Mensch genial.“[245]

Schon bevor wir Identifikationen sprachlich realisieren, müssen wir Beispiele für Dinge einer Art ausmachen. Dieses ‚Ausmachen‘ findet statt *ante praedicationem* und ist schon ein kreativer Akt, selbst wenn er erinnerungsgestützt sein mag. „Der springende Punkt aber ist das Sehen typischer Vorgänge; sie ‚sehen‘ heißt, sie als typische, d. h. als Fälle von allgemeinen Regeln zu erkennen;

---

[242] *Der Begriff*, op. cit., p. 419

[243] *Der Begriff*, op. cit., p. 417.

[244] *Der Begriff*, op. cit., p. 379.

[245] *Der Begriff*, op. cit., p. 166.

wer sagt uns, daß dieser Vorgang typisch ist?"[246] Hier
bedarf es der Intuition, einer intellektualen Anschauung
oder einer Wesensschau im Stile Husserls, an die König,
wenn auch mit Modifikationen, positiv anknüpft. Zwar
gibt es natürlich kein Wesen wie sonstige Dinge. Aber es
gibt Wesen sehr wohl als fragliche Ganze eines Dinges
und nur so: „Wesensschau ist der – unendliche Gegenstand selbst."[247] Man wird das auch heute noch aufgreifen
wollen im Sinne einer Überdeterminiertheit aller Dinge,
allerdings nur, wenn man die Wesensschau strikt auf den
heuristischen Diskurs beschränkt. Hier allerdings sind
Königs Analysen valide, auch in ihrer Beiziehung eines
Imaginären oder Absoluten. Warum?

Gerade im heuristischen Diskurs benötigen wir jene
uninterpretierte Einheit im Rücken, um uns selbst nicht
zu verlieren. Insofern gehört ein Konzept des Absoluten
zu einer Selbstsicherung auf Seiten des Intendierenden
wie ebenso auf Seiten des Intendierten, gerade in Bezir-
ken unserer Fraglichkeitserfahrungen. Ohne ein solches
Konzept verlöre sich die „Einheit des Geistes, in welcher
die Trennungen der Existenzsphäre überwunden sind."[248]
Nur deshalb wird Goethes Schauen möglich, aber auch
unsere elementaren prädikativen Identifikationen. Um
solche Verhältnisse in eine spekulative Theorie einholen
zu können, bedarf es, methodisch gesehen, eines expli-
kativen Verstehens, das nirgends halt macht, wo es noch
Erfahrung des Geistes mit sich selber bleiben kann.[249]

---

[246] *Der Begriff*, op. cit., p. 25/26.

[247] *Der Begriff*, op. cit., p. 308.

[248] *Der Begriff*, op. cit., p. 365.

[249] Cf. hierzu die vorsichtige Selbstkorrektur Königs in seiner
Absetzung von Dilthey und seinem Festhalten an diesem in

Das eigentliche Thema von König ist das, was er ‚Werden zum Sinn‘ nennt.[250] Welche Daten wir auch wählen, ein Werden zum Sinn findet nur statt durch einen Sprung, durch einen Einfall, und realisiert sich stets in einer multiplen Struktur. Die Intuition spendet einen Blick auf ein Gemenge, das völlig sinnlos ist, einen Blick, der ein Gemeinsames intuitiv sichtbar macht, das sich nur an einer Oberfläche einlösen läßt, an der die ursprünglich intuitiv gegebene Einheit allerdings diskursiv zerfallen muß. Was Prädikate wie ‚Mensch‘ und ‚Lebewesen‘ eint, wird im ‚sind‘ angezeigt und bleibt zugleich verschlossen. Die Intuition liefert mithin immer nur verschwebende Einheiten, die satzförmig, d. h. diskret eingelöst werden müssen, um Sinn zustande zu bringen. „Der Einfall (…) ist absoluter Ursprung des Sinns aus dem Sinnlosen.“[251] Erst im Zerfall von intuitiv zugänglicher Gemeinsamkeit wird Sinn und Struktur möglich. „Doch wie ist diese Einheit und ihr Zerfall genauer zu verstehen? (…) Was heißt endlich hier Zerfall in Ich und Gegenstand?“[252]

Es ist keine Frage, daß Josef König hier in einiger Radikalität den Eintritt in die Sinndimension des Rationalen nur um den Preis eines *Zerfalls* einer ursprünglichen Gemeinsamkeit für möglich hält. In der Intuition hebt dieser Eintritt an, aber vollzogen wird er von diskreten Einlösungen in Satz, Formel, Struktur.[253] Rationalität be-

---

der Interpretation von Georg Misch (*Der Begriff*, op. cit., p. 90–92 Anm. 1).

[250] *Der Begriff*, op. cit. p. 24.

[251] Ibid.

[252] *Der Begriff*, op. cit., p. 13.

[253] Friedrich Kümmel verdanken wir den Versuch einer kompletten Würdigung des Denkens von Josef König. Er sieht

ruht auf einer Logik des Zerfalls. In dieser Einsicht ist bei
König nicht nur Goethe präsent, sondern schwingen auch
romantische Reminiszenzen mit[254], kündigt sich aber
auch das Wetterleuchten einer Dialektik der Aufklärung
an. In der Tat hat Adornos Vision einer *Logik des Zerfalls*
in Königs Konzept einen Vorläufer.

Eine weitere Gemeinsamkeit ist die, daß beide dezi-
diert keine Fundamentalisten sind. Adorno wehrt sich
gegen den Einsatz einer Ursprungsphilosophie im Stile
Hermann Cohens, König bestreitet, daß ein Anfang überhaupt gedacht werden kann: „[E]s gibt für das urteilende
Denken keinen Anfang (...).“[255] Das ist vielleicht eine
seiner wichtigsten Einsichten überhaupt. Aus ihr folgt
schon, daß wir diskursive Denkprozesse nicht nach Art
eines Algorithmus modellieren können, es bleibt immer
bei Sprüngen, Zerfällungen, begrenzten Kontexten und
exklusiven Begründungszusammenhängen, die kein diskursives Kontinuum verbindet, eben auch kein algorith-
misches Programm, sondern nur die Intuition. Damit ist
sensu stricto auch ein System der Philosophie unmöglich,
ohne daß mit dieser Unmöglichkeit eine Option für einen
Relativismus verbunden wäre, wohl aber eine Option für
echte Korrelativitäten. Das besagt, daß wir polare Ge-
gensätze als solche stehen lassen müssen. Eine Synthese
im Stile der Dialektik Hegels ist hier nicht möglich. Sie
stiften uns ein *Zusammen*, das sich uns nicht diskursiv,

---

ihn in der Nähe von Charles Sanders Peirce. Cf., ders., *Josef
König. Versuch einer Würdigung seines Werkes*, in: *Dilthey-
Jahrbuch für Philosophie und Geschichte der Geisteswissen-
schaften*, Bd. 7 (1990/91), pp. 166–208, hier p. 201.

[254] Hier ist an Novalis zu denken: „Wenn nicht mehr Zahlen
und Figuren (...)“.

[255] *Der Begriff*, op. cit., p. 17.

sondern immer nur intuitiv vermittelt. Nur weil es keinen Anfang als solchen gibt, können wir Anfänge machen. Daß es keinen Anfang gibt, ist Index unserer Freiheit: „Der absolute Anfang ist also undenkbar (…).“[256]

Eine aparte Doktrin Königs ist seine Metaphysik des Punktes, die er in seinem Buch im Zusammenhang seiner Analysen des Anfangs vorstellt. Ich glaube nicht, daß König den Sohar gekannt hat, aber hier werden Verwandtschaften augenfällig, die ich nicht übergehen möchte.[257] Zunächst teilt der Punkt die Eigenschaft des Anfangs, ein nur in Korrelationen Gegebenes zu sein: „Der Punkt ist nur Mitte und Grenze, nichts Selbständiges.“[258] Dennoch ergeben sich hier verwickelte Befunde: Ohne gegebene Korrelationen wie Vorher und Nachher, auch Links und Rechts, oder ohne die Absicht, eine Linie zu ziehen, kann es keinen Punkt geben, aber ohne Punkt gibt es auch diese Korrelationen nicht. Ohne Punkt keine Welt und ohne Welt kein Punkt. Hier drängt sich in einiger Zuspitzung für König der paradoxe Befund auf: „[U]m den Punkt überhaupt denken zu können, muß man ihn schon gedacht haben, zwar nicht explizit, aber implizit, denn wer ein vorher oder nachher denkt, hat damit schon

---

[256] Ibid.

[257] Hier kommt vor allem die oben schon zitierte Stelle in Betracht: „[A]ls der Verborgene aller Verborgenen sich offenbaren wollte, schuf Er im Anfang einen Punkt und der erhob sich ein Gedanke zu werden, in ihn malte Er alle Gestalten und prägte Er alle Formen (…).“ (*Der Sohar*, ed. Ernst Müller, neu ed. Düsseldorf/Köln 1982, p. 71) Den Prozeß, in dem sich der Punkt erhebt, um ein Gedanke zu werden, hat König in seinen Analysen nachgezeichnet.

[258] *Der Begriff*, op. cit., p. 18.

implizit den Punkt (...) gedacht."[259] In dieser Formation sind der rationalen Architektur alle basalen Verhältnisse also nicht ‚eingeschrieben‘, sondern einfach implizit.[260] Hier kann man auch erkennen, daß im Selbstaufbau unserer geistigen Verfassung nicht jede Stufe auch neuronale Korrelate zugrunde liegen müssen. Die Hierarchie verträgt freischwebende Konstruktionen, die sich logisch, grammatisch oder phänomenologisch überlagern, ohne eine neuronale Unterlage zu benötigen. Ich vermeide es hier daher von Fulguration, Emergenz oder Supervenienz zu sprechen. Das alles sind Plastikwörter, die verdecken sollen, daß die Architektur des menschlichen Geistes eine Eigenkreativität besitzt, die nur aus sich entschlüsselt werden kann, nicht von außen. Von einer solchen Binnenperspektive geht auch Josef König aus.

Auch als Denkende können wir uns nicht außerhalb des Denkens stellen, wir sind darin tätig, fassen Gedanken, aber nicht nur das, wir sind zugleich auch leidend, indem wir es geschehen lassen, daß uns Gedanken kommen oder gedankliche Formationen, die wir nicht erfunden haben, entgegenkommen: „Uns als existierende, handelnde, leidende Menschen sehen wir nur ‚aus der Richtung‘ der Idee (...)."[261] Sie ist „unser Wissen von ihrem Sichwissen".[262] Das ist natürlich schwer verständlich. Hiernach ‚will‘ die Idee, der Gedanke, eine Formation seiner sprachlichen Artikulation, die nicht von uns abhängt, sondern von uns hingenommen werden muß,

---

[259] Ibid.
[260] Cf. Wolfram Hogrebe, *Der implizite Mensch*, Berlin 2013.
[261] *Der Begriff*, op. cit., p. 400.
[262] Ibid.

wie die basalen Korrelationen im Sinne Königs, wie z. B. intern-extern, subjektiv-objektiv, formal-material etc.

Aus solchen Korrelationen baut sich die geistige, aber anonyme Architektur des Menschen auf als Struktur seiner Rationalität im Ich-weiß-nicht-wo, sie definieren die Sphären seiner Selbst- und Fremdverständigung. „Dem Wechselverhältnis der Sphären selbst (…) liegt (…) als ‚Bedingung seiner Möglichkeit‘, ein ‚dritter‘, eben imaginärer Raum zugrunde, der *absolut* trennt und eben deshalb *absolut* verbindet.“[263] Den Geist des Menschen, seine ideelle Verfassung, überläßt König, wie oben schon bemerkt, nicht einem ontologisch verpanzerten ‚dritten Reich‘, sondern dynamisch einem Selbstaufbau des Geistes, der die Ressource des Sinnlosen schon intern benötigt, um Sinnstrukturen in Verstehen und Erkennen hervortreten zu lassen. Für diese in sich verschränkten Verhältnisse stellt König Paradoxien bereit, die unerhört sind und hart an die Grenze des Nachvollziehbaren gehen, aber zu seiner spekulativen Unerbittlichkeit gehören: „Wir können das Wesen erkennen, weil es an sich durch uns unerkennbar ist; und wir können das Existierende nicht erkennen, weil es das ist, als was es durch uns erkannt ist. Also: Nur das Unerkannte können wir erkennen.“[264] Der paradoxe Charakter löst sich hier allerdings auf, wenn man die Verhältnisse so übersetzt: Das Wesen einer Sache ist gerade das, was wir erkennen, wenn wir die Sache erkennen. Aber das Wesen ist zugleich das, was für sich unerkennbar ist. Das Existierende ist nun gerade der Rest, der abzüglich des Wesens übrig bleibt,

---

[263] *Der Begriff*, op. cit., p. 401.
[264] *Der Begriff*, op. cit., p. 394.

folglich unerkennbar ist. Daß wir nur das Unerkannte erkennen können, ist dann fast schon trivial.

Das Programm, das König in dieser Zuspitzung verfolgt, könnte man einem *semantischen Surrealismus* zurechnen, der das ‚Werden von Sinn‘ den Händen von Sinnproduzenten entwindet, um es einem Geschehen zu überantworten, an dem wir zwar beteiligt sind, ohne es indes selbst determinieren zu können. In dieser *façon* arbeitete König schon seinerzeit an einem Projekt, daß dem Dekonstruktivismus späterer Zeit (Jacques Derrida, Paul de Man u. a.) verwandt, aber überlegen ist. Wenn man den Dekonstruktivismus auf die Maxime bringen könnte, daß der herkömmliche Interpret zugunsten der Anonymität codierter Zeichen abzudanken hat (obwohl er in Wahrheit in dieser Codierung nur ‚verborgen‘ ist), dann ist König insoweit mit dem Dekonstruktivismus einverstanden, als auch er das Modell eines prometheischen Sinnproduzenten aufgibt, aber den kompetenten Interpreten gerade nicht verabschiedet: Die Anonymität der Sinnprozesse ragt zwar mit Macht, d. h. mit der Kraft des Sinnlosen, in unsere Selbstauslegung hinein, macht unsere Bemühungen allerdings keineswegs überflüssig.

Für den Dekonstruktivismus nehmen uns Texte das Geschäft des Verstehens ab (obwohl es Autoren, wie göttlich auch immer, gegeben haben muß), für König verdanken wir es einem imaginären Raum an Möglichkeiten, in dem wir uns allerdings zu bewähren haben. Für den Dekonstruktivismus bleibt, wie Aleida Assmann es so schön formuliert hat, am Ende nur ein resignativer Seufzer: „Wir bleiben ‚in Texte verstrickt‘, von Schrift umgeben und mit Spurenlesen beschäftigt.“[265] Auch unser

---

[265] Aleida Assmann, *Im Dickicht der Zeichen*, in: *Deutsche*

Vertrauen auf den Gott der Hermeneutik, also auf Hermes, ist schwer erschüttert, da er nicht nur stielt, sondern insbesondere Spuren gerne fälscht. „Kein Wunder", so endet Aleida Assmann, „daß ein Ausweg aus dem Dikkicht der Zeichen nicht in Sicht ist."[266] König würde antworten: Der Ausweg ist der „Ursprung von Sinn aus dem Sinnlosen."[267] Königs semantischer Surrealismus ist hier im Vorteil. Das hat sich der Literaturwissenschaft noch nicht vermittelt.

Aleida Assman nutzt hier noch die Chance, die ihr zugängliche Position des Dekonstruktivismus mit dem positiven Befund der Traumdeutung und der Deutung der Kabbala in Verbindung zu bringen. Selbst wenn der Text „zum einzigen und letzten Subjekt geworden ist", gäbe es doch Beispiele, die dem entsprechen. „Die autonome Produktivität des Traumtextes kann mit der autonomen Schriftenergie des Heiligen Textes verglichen werden, wie er von den jüdischen Mystikern der Kabbalah gelesen wird."[268]

Das klingt zwar gut, ist aber leider nicht korrekt. Die Traumtexte wie sie Artemidor von Daldis zur Dechiffrierung vorlagen, sind Erzählungen, die eines kompetenten Deuters bedürfen, wie übrigens alle ‚Spuren'.[269] Das

---

Vierteljahrsschrift für Literaturwissenschaft und Geistesgechichte 70 (1996), pp. 535–551, hier p. 550.

[266] Aleida Assmann, op. cit., p. 551.

[267] *Der Begriff*, op. cit., p. 24.

[268] Aleida Assmann, op. cit., p. 549.

[269] Cf. hierzu Wolfram Hogrebe, *Orientierungstechniken: Mantik*, in: Sybille Krämer et al. (eds.), *Spur. Spurenlesen als Orientierungstechnik und Wissenskunst*, Frankfurt/M. 2007, pp. 281–292. Auch andere Beiträge dieses Bandes sind hier einschlägig.

Bemühen der Kabbala hingegen ist darauf gerichtet, den Text u. a. des Talmud in arabesken Ausdeutungen zu ‚vergeheimnissen'. Deutungen fungieren hier wie Bundeslade, Monstranz oder Tabernakel für ein Allerheiligstes. Das ist etwas völlig anderes. Hier wie auch sonst ist die Hermeneutik des Dekonstruktivismus defekt. Wir sollten diesen ‚Deutungsrahmen' (*reading frame*), wie ihn Aleida Assmann nennt, erst einmal auf Wiedervorlage legen.

Nachwort
Surrealisme vivant

Wir haben in diesem Buch verschiedene Konzeptionen des Surrealismus in seinen begrifflichen Ausformungen besprochen, manchmal nur berührt: einen logischen, mathematischen, epistemischen, spekulativen und semantischen Surrealismus. Diese Varianten stellen sich als Entgrenzungsformate des Denkens vor, selbst da, wo sie in Formen eines politischen Surrealismus in den Varianten eines marxistischen oder faschistischen Surrealismus aufzutreten schienen. Aber diese politischen Versionen sind *in praxi* keine Formen eines Surrealismus mehr, sie agieren nur den Impuls zu einer Radikalität aus, die sich ideologisch sofort in sich verschließt. Diktaturen sind keine guten Beispiele für einen praktischen Surrealismus. Außen vor blieb also immer das Konzept einer Überführung des Surrealismus in das Leben. Es ist auch sehr schwierig zu entscheiden, ob das in Kollektiven überhaupt möglich ist. Daß es individuell möglich ist, steht außer Frage. Dafür steht Salvador Dalí.

In den Aufzeichnungen, die Louis Pauwels auf der Basis von Tonbandmitschnitten von Gesprächen mit Dalí aus den Jahren 1966/67 redigiert herausgegeben hat, findet sich die Bemerkung Dalís: „Der Unterschied zwischen den Surrealisten und mir ist der, daß ich Surrealist bin."[270] Sich so nennen und sein treten für Dalí auseinan-

---

[270] Salvador Dalí, *Meine Leidenschaften. Aufgezeichnet von Louis Pauwels* (*Les passions selon Dalí*, Paris 1968), Gütersloh 1969, p. 162.

der. Sein Preis war allerdings hoch und ohne Hilfe nicht zu bewerkstelligen. Er gibt von sich selber zu, daß seine „Grundstruktur die eines großen Paranoikers" ist. „Früher habe ich wirklich Wahnsinn und Realität miteinander verwechselt."[271] Das war noch die Zeit, in der er mit Luis Buñuel (1900–1989) und Garcia Lorca (1898–1936) „in einer paroxystischen Orgie"[272] zusammenlebte. Dann kam Gala (1894–1982) mit Paul Eluard (1895–1952) und in Begleitung von René Magritte (1898–1967) nach Cadaqués (1930). Dalí und Gala zogen sich geradezu magisch an und sie half ihm, sich psychisch zu stabilisieren, d. h. die dionysischen Energien „in apollinische Leistungen zu transformieren".[273] Aus diesem Prozeß einer angeleiteten Selbstdisziplinierung entstand auch das, was Dalí seine ‚paranoisch-kritische Methode' genannt hat.[274] Dem Exzeß tritt eine robuste Disziplin gegenüber. Gelingt es beides auszubalancieren, dann kann eine Kreativität freigesetzt werden, die zu großer Kunst fähig ist.

Man muß immer bedenken, daß Dalís Bilder von einer geradezu altmeisterlichen Präzision zeugen, die enorm viel Zeit kostet. Technisch war er allen Malern seiner Zeit überlegen, auch René Magritte oder Max Ernst (1894–1982). Aus dieser technischen Virtuosität erwuchs Dalí auch ein robustes Selbstbewußtsein gegenüber seinem erfolgreichsten Landsmann und Kollegen, nämlich Pablo Picasso (1881–1973). Natürlich zweifelte Dalí nicht

---

[271] *Meine Leidenschaften*, op. cit., p. 47.
[272] *Meine Leidenschaften*, op. cit., p. 163.
[273] Ibid.
[274] Ibid. – Einige Leser werden argwöhnen, daß dieses Buch ebenfalls nach der ‚paranoisch-kritischen Methode' geschrieben ist. Ich stimme zu.

an dessen Genialität, aber er ist für ihn kein Anhänger
künstlerischer Legitimität. Dieses Prinzip einer Berechtigung der Formen hält Dalí für unverzichtbar. „Die Formen sind legitim, oder sie sind überhaupt nicht, was der
ungeduldige Picasso nie einsehen wollte." Dalí hält ihn
für korrekturresistent, „er macht sich nicht die Mühe zu
berichtigen", d. h. „er hat sich auf den Zufall verlassen;
der Zufall rächt sind".[275] Kurz: „Picasso ist Spanier, ich
auch. Picasso ist ein Genie, ich auch. Picasso ist Kommu-
nist, ich auch nicht."[276]

Was Dalí hier abwehrt, ist ein Überschwang von Gefühlen des Dionysischen, die sich den kristallenen Anfor-
derungen des Apollinischen nicht beugen. Er ist keines-
falls Anhänger einer Sentimentalität im Stile Rousseaus,
diesem „verderblichen Zauberer der Illegitimität" und
der „unheilvollste aller Jammerlappen".[277] Ob er es wußte
oder nicht, diese Rousseau-Kritik eint ihn mit Fichte.

Was er hier geltend macht, ist das mentale Profil der
Spanier, speziell der Katalanen. „[Sie] sind die größten
Skeptiker der Erde, die einzigen, die wirklich sehen müssen, um zu glauben. Für sie muß alles Inkarnation sein."
Sie sind ihm zufolge einfach in eine Ambivalenz hineingeboren, die dem Surrealismus eine natürliche Grundlage
bietet. Denn sie sind solche, die „von Geburt an nach Genauigkeit lechzen und zugleich Mystiker und Realisten
sind".[278] Damit trifft Dalí genau einen Punkt, der dieses
Buch motivierte. Der Surrealismus ist kein Dementi eines
Realismus, sondern verlangt lediglich, daß die Faktizität

---

[275] *Meine Leidenschaften*, op. cit., p. 125.
[276] Ibid.
[277] *Meine Leidenschaften*, op. cit., p. 124.
[278] *Meine Leidenschaften*, op. cit., p. 125.

in die Dimension der uns zugänglichen, aber in ihrer Fülle
schlechthin unzugänglichen Möglichkeiten hinein transparent gemacht wird. Was hier zugleich aufscheint, ist das,
was man die Ethik des Surrealismus nennen könnte. Aus
Einsicht in die Gebrechlichkeit unseres Wissens sollten
wir gerade nicht so borniert sein, dem Unbegreiflichen
seine Existenzberechtigung abzusprechen. Dalí beruft
sich hier auf Teilhard de Chardin, der einmal bemerkt,
daß auf die Unendlichkeit des Universums berechnet,
„nur das Phantastische überhaupt Aussicht [hat], möglich
zu sein".[279] Die Ethik des Surrealismus ist kein Freifahr-
schein für Unsinn, sondern ein Gebot der Offenheit für
Möglichkeiten, wo andere sich mental verbunkern. „Der
surrealistische Gegenstand ist einzig und allein ehrenhalber gemacht, er existiert lediglich um der Ehre des Denkens willen."[280]

Ich glaube, daß diese Ethik für alle verbindlich ist, sofern sie sich nicht von ihren eigenen Möglichkeiten überfordert fühlen. Zwar sind wir endlich, aber in dieser End-
lichkeit unergründlich. Nur so sind Märchen möglich,
auch das Märchen vom Menschen.

---

[279] *Meine Leidenschaften*, op. cit., p. 66.
[280] Salvador Dalí, *Ehre dem Gegenstand*, in: ders., *Die Eroberung des Irrationalen* (*Oui*, Paris 1971), Frankfurt/M, Berlin, Wien, 1973, p. 54.

Anhang 1

Paenultima verba
Auszug aus meinem Vortrag am 8.10.2010 anläßlich der Übergabe der Festschrift *Was nicht sich sagen läßt*, eds. Joachim Bromand und Guido Kreis, Berlin 2010.

Liebe Freunde!

Ultima verba sind kein letztes Röcheln![281]

Ultima verba sind letzte Worte im akademischen Sinn!

Ultima verba sind daher ein eigenes akademisches Genre.

Letzte Worte eines scheidenden Professors also, in meinem Fall: eines mit dreijähriger Verzögerung retirierenden Professors!

In diesem klassischen akademischen Genre letzter Worte werden gerne Tiere erwähnt, speziell auch hier in Bonn.

Als der bedeutende Germanist Richard Alewyn am 24. Februar 1967 in Bonn seine Abschiedsvorlesung hielt, erklärte er sich zur Situation der Universität, die er im Begriff war zu verlassen:

„Die Ratten verlassen das sinkende Schiff.
Ich bin eine Ratte!"

Das ist üblich und gehört zum Genre der Ultima verba im akademischen Sinn.

---

[281] Dieser Vortrag wurde unter dem Titel ‚Ultima verba' angekündigt. Wegen einer Krebserkrankung war es ungewiß, ob ich nach drei Jahren noch eine Abschiedsvorlesung würde halten können.

Solche Äußerungen wird man von mir nicht hören. Das Schiff der Universität Bonn steht unter vollen Segeln und pflügt die See. Gewiß trifft zu, daß nicht alle an Bord dem Setzen von Segeln gewachsen sind, nicht alle sind nautisch versiert. Denn alle Professoren sind zwar berufen, aber nur wenige auserwählt. In Bonn stehen am Ruder aber erfahrene Kapitäne, Rektor Fohrmann und Kanzler Lutz, die trotz rauer See wissen, wohin die Reise geht.

Da ist nichts zu befürchten.

Auch scheidende Professoren sollten daher nicht so tun, als hätten sie in ihrer Dienstzeit die Universität neu erfunden.

Auch die Philosophie an der Universität Bonn befand sich seit den sechziger Jahren des vorigen Jahrhunderts auf einem beachtlichen Höhenkamm und war international beeindruckend vernetzt. Wolfgang Kluxen, Ludger Honnefelder, Josef Simon und Hans-Michael Baumgarten, um nur einige zu nennen, waren international präsent. Hier wird nach Art einer *catena aurea*, nach Art einer goldenen Kette also immer nur angeknüpft werden können, wurde es und wird es.

Auch in dieser Festschrift, soweit ich ihr Inhaltsverzeichnis bislang kennen lernen durfte, ganz herzlichen Dank an Joachim Bromand und Guido Kreis für ihre auch ästhetisch ansprechende Kreation, sind, globalisierungsträchtige Beiträge versammelt: Von Antonio Cota Marçal und Guilherme Kisteumacher aus Belo Horizonte/Brasilien, Aliasghar Mosleh aus Teheran/Iran, Theodoros Penolidis aus Thessaloniki/Griechenland, Ernest Wolf-Gazo aus Kairo/Ägypten, Andrzej Przylepski aus Posen/Polen und Jakub Kloc-Konkolowicz aus Warschau/Polen. Mit allen verbindet mich in Dankbarkeit eine jahrelange Freundschaft, wie übrigens mit allen Beiträgern dieser Festschrift, die ich daher namentlich stenographieren möchte.

Jürgen Mittelstraß/Konstanz, anfänglich übrigens Student in Bonn, hat mich als seinen Nachfolger als Präsident der Deutschen Gesellschaft für Philosophie vorgeschlagen, Günter Abel/TU Berlin konnte ich dann als meinem Nachfolger den Stab weitergeben. Günter Abel war mir in persönlichen und universitären Angelegenheiten seit Jahren ein verständnisvoller Gesprächspartner. Auch mit Pirmin Stekeler-Weithofer/Leipzig, dem derzeitigen Präsidenten der Sächsischen Akademie der Wissenschaften, habe ich seit unserer gemeinsamen Zeit in der Deutschen Gesellschaft bis heute vorzüglich zusammengearbeitet. Schon aus unserer Zeit als Assistenten und Privatdozenten stammt meine Verbundenheit mit Carl Friedrich und Annemarie Gethmann-Siefert/Essen und Hagen. Später auch mit Peter Janich/Marburg, dessen brillante argumentative Resistenz gegen den szientistischen Naturalismus unserer Zeit mich sehr ermutigt hat. Wieder später auch mit Gereon Wolters/Konstanz, mit dem mich in jüngerer Zeit intrikate Probleme zur Rolle der Philosophie in der Zeit des Nationalsozialismus verbanden, oder auch mit Dieter Teichert/Konstanz, der kurz als mein Assistent in Bonn war und ein sensibler Kritiker der Gedankenexperimente von Parfit wurde, Gedanken, die für mich ebenfalls sehr lehrreich waren. Die Jenenser Kollegen Olaf Breidbach, Biologe und als Philosoph in Bonn promoviert, der übrigens als erster (vor den Jungs an der Humboldt) die optischen Experimente von Goethe mit Ergebnissen zugunsten von Goethe nachgebaut hat, Klaus Kodalle, Theoretiker des Verzeihens, und Gottfried Willems, Analytiker der Anschaulichkeit, haben mir stimulierende Hinweise zu Problemfeldern geboten, die man nicht ignorieren sollte, in jüngster Zeit auch der Bohrer-Schüler, Realismus-Experte und Radikalgermanist Ingo Meyer aus Bielefeld.

Insbesondere Gottfried Gabriel hat mir in Jena mit dem scharf geschliffenen Lineal eines lupenreinen Transzendentalphilosophen immer wieder auf die Finger geklopft, wenn der metaphysische Gaul allzu ungestüm mit mir durchging. Oswald Schwemmer/Humboldt hingegen empfahl mir seit unserer gemeinsamen Düsseldorfer Zeit geradezu gegenläufig und umgekehrt immer symboltheoretische Entgrenzungen, ebenso wie seine Schülerin Sybille Krämer/FU Berlin. Auch Gottfried Boehm, Philosoph und Kunsthistoriker in Basel, stimulierte Blicke in zeigende Bildtiefen, die sprachlich kaum noch zu fassen sind wie die von ihm aufgedeckte ikonische Differenz. Am Bild lernen wir von den Phänomenen im Aspekt ihrer Eigendynamik. Darüber erscheint demnächst auch ein Buch von Horst Bredekamp bei Suhrkamp unter dem Titel *Bildakt*. Gottfried Boehm ist übrigens auch Chef des Instituts und Kollegs *eikones* in Basel, finanziert vom Schweizer Nationalfond, dessen Fellow ich 2009 sein durfte.

Tief in einen bildtheoretischen Korridor reichten auch die historischen Analysen von Wolfgang Harms/München. Er selbst war als Assistent in Münster und wie ich als junger Student Schüler von Friedrich Ohly. Seit meiner ersten Studentenzeit in Münster 1967 war ich neben Joachim Ritters Vorlesungen auch von dem allegorischen Kristallpalast Ohlys fasziniert und bin es bis heute, selbst wenn gerade Wolfgang Harms mit Recht schon früh dafür gesorgt hatte, daß er auch Sprünge erhielt. Um ein Haar hätte mich Wolfgang Harms in seiner Hamburger Zeit übrigens in die Mediävistik entführt. Die Schwierig-

keit mit der Münsteraner Mediävistik hat Martin Warnke,
Kunsthistoriker in Hamburg, den ich heute hier in Bonn
auch ganz herzlich begrüßen darf, einmal so ausgedrückt:
Die Münsteraner ‚glaubten‘ an das Mittelalter. Er muß es
wissen, war er doch dort seinerzeit auch Assistent, bei
Georg Kauffmann.

Daß Bilder in den letzten Jahren eine besonders attrak-
tives Seitenthema für mich wurden, Hauptthema blieb immer eine moderne Form der Metaphysik, ging durchaus
unfreiwillig auch auf die ästhetischen Nötigungen durch
Franz-Joachim Verspohl in Jena zurück, verdankte sich
zeitgleich vor allem auch der Bannkraft der faszinieren-
den Texte von Horst Bredekamp, beide Schüler von Martin Warnke in dessen Marburger Zeit. Bredekamp wäre
übrigens 1992 um ein Haar nach Bonn gekommen, hatte
damals die Humboldt-Universität in Berlin vorgezogen.
Unser gemeinsamer Freund Franz Joachim Verspohl ist
letztes Jahr viel zu früh verstorben. Das immense Bildprogramm, das er in seiner Jenenser Zeit realisiert hat,
ist bleibend beeindruckend. Ulrich Müller, Schüler von
Verspohl, hat es als Co-Kurator der derzeitigen Beuys-
Ausstellung in Düsseldorf (*Parallelprozesse*) fortgeführt.

Zum Bildprogramm von Verspohl in Jena gehörten
auch seine Ausstellungen von Emil Schumacher, Frank
Stella bis zu Anke Doberauer/München und Imi Knoebel/
Düsseldorf. Letztere sind auch in dieser Festschrift präsent. Imi Knoebel, dem ich seit langem in glockenreiner
Freundschaft verbunden bin, verdankt die Universität
Bonn zudem ein Bild, dessen Titel über allem schwebt,
was heute stattfindet: *Amor intellectualis*. Wem dieser
visuelle Segen noch nicht zuteil geworden ist, sollte sich
heute die Gelegenheit nicht entgehen lassen. Johannes
Stüttgen/Düsseldorf, der dieses Jahr hier an der Universi-

tät Bonn als *Parallelprozeß* zur Düsseldorfer Ausstellung einen brillanten Vortrag über Joseph Beuys gehalten hat, könnte die Bildbetrachtung kompetenter als ich begleiten.

So ist natürlich auch meine Düsseldorfer Zeit in dieser Festschrift mit Recht dokumentiert. Jochen Hörisch, Philosoph, Germanist und Medienwissenschaftler, als Student von Heidelberg nach Düsseldorf zurückkehrend, hat die aufregende Zeit dort noch miterlebt und mitgestaltet. Er hat in jener Zeit Alfred Sohn-Rethel und die Metaphorik des Geldes neu- bzw. wiederentdeckt. Man bedenke: Manfred Frank, Uwe Baumann, derzeit in Bonn mein anglistischer Berater in Fußballfragen, von Hartmut Brands, Gerd Krummeich, Dittmar Dahlmann, Werner Gephart, Jurist, Soziologe und Künstler, Chef des Käte Hamburger Kollegs *Recht als Kultur* in Bonn, dessen Fellow ich derzeit bin, und Sönke Lorenz/Tübingen, der alte Hexenmeister, von dem ich viel gelernt habe, waren damals Promovenden oder Assistenten in Düsseldorf und regierten das intellektuelle Klima, später auch Christoph Kann. Von Ausnahmen wie Herbert Anton abgesehen, lag die intellektuelle Regie seinerzeit eben nicht so sehr in der Hand der damaligen Professoren!

In die Tiefen meiner Zeit dort ragt Volker Beeh mit Macht hinein, seit ich nach Münster über München nach Düsseldorf kam. Er, Logiker, Tarski- und Nagarjuna-Experte, hielt auch im präzisen Milieu der Logik die Schleusen für spekulative Ausgriffe offen. Er führte zudem einen unorthodoxen dritten Wahrheitswert neben ‚wahr' und ‚falsch' ein, nämlich ‚graziös'. Damit werde ich heute enden.

Zwei lange Jahre haben Hartmut Brands und ich mit ihm das Buch von Boolos und Jeffrey durchgearbeitet: *Computabilty and Logic.* Volker Beeh hat uns die Beweise vorgeführt, wir lernten. Peter Koepke/Bonn hätte seine Freude daran gehabt, zumal ich trotz *busy beaver* dennoch immer an einem überkonstruktiven Geltungsbegriff festgehalten habe. Niemand soll glauben, daß ich je diese Basis vergessen hätte. Truth is one.

In Düsseldorf hatte ich auch den Soziologen Heiner Meuleman schätzen gelernt. Er, heute an der Universität Köln, brachte mich auf den turbulenten Gedanken, daß Kohorten für die numerische Einschätzung von Trends wichtiger sind als römische Formationen des Militärs.

Dominik Perler, heute Humboldt, wollte ich gern nach Bonn holen. Es hat nicht geklappt. Die Humboldt-Universität war für ihn vor fast zehn Jahren noch attraktiver. Ich fürchte, das ist sie heute, zumindest philosophisch, nicht mehr.

Birgit Sandkaulen aus Jena hat einen Jacobi philosophisch zum Leuchten gebracht, wie es weltweit niemand erwartet hätte. Auch sie ist dankenswerter Weise in der Festschrift präsent. Die Düsseldorfer müßten sie eigentlich in Ketten aus Jena entführen. Vielleicht tun es andere.

Ebenso Kai Vogeley, Mediziner und Philosoph. Er war schon Promovent bei mir in Düsseldorf. Ich wollte ihn in den neunziger Jahren übrigens von der Charité in Berlin nach Jena in die Philosophie lotsen. Die Götter auf dem Jenzig, Magnifizenz Dicke weiß, wovon ich rede, waren dagegen, es gab zur Verblüffung des Publikums eine Stellensperre. Heute ist er Prof. für Medizin an der Universität Köln. Noch kürzlich hatten wir einen gemeinsamen Auftritt in der Akademie der Wissenschaften und Künste zu Düsseldorf. Seine intellektuelle Strahlkraft in neurologischen Belangen mit nicht-reduktionistischen Ausgriffen auf mentale Phänomene, zwischen Medizin und Philosophie also, waren und sind für mich Gewinn.

Natürlich sind in der Festschrift auch die professionellen Kollegen aus Bonn versammelt, von denen ich lernen durfte: Josef Simon, der mich Kant mit anderen Augen lesen ließ, Dieter Sturma, der den besten Aufsatz zum Personenbegriff Schellings geschrieben hat, Andreas Bartels, Hans-Joachim Pieper, Theo Kobusch, der mich auf die Sprache der Engel aufmerksam gemacht hat, Thomas Sören Hoffmann, heute Hagen, Jürgen Goldstein heute Landau, Mathias Schmoeckel, Bonner Rechtshistoriker *à la recherche du ordre perdu*, und Werner Stegmaier, ursprünglich Bonn, dann Greifswald, sie alle sind mit von der Partie, herzlichen Dank!

Markus Gabriel ist der jüngste. Mit seinen dreißig Jahren wüßte man schon jetzt gerne, kann es aber bedauerlicherweise nicht wissen, selbst er nicht, wie sein universitärer Rückblick in fünfunddreißig Jahren aussehen wird. Ihm gehört jedenfalls die Zukunft der Philosophie und er wird sie, wenn die Bonner klug sind: in Bonn, kreativ wie kein Zweiter mitgestalten. Jens Halfwassen/Heidelberg, mit dem ich mich noch dieses Jahr am Collegium Budapest henologisch, d. h. hier freundschaftlich, austauschen durfte, herzlichen Dank!, hatte Markus Gabriel, wie ich etwas frivol zu formulieren wage, ‚treuhänderisch‘ in Heidelberg promoviert und habilitiert. Erst danach kam Markus Gabriel aus New York wieder nach Bonn zurück, von wo er ursprünglich nach Heidelberg aufgebrochen war. Im Sommersemester 2001 war er noch als Student in Bonn in meinem Seminar über Schellings *Freiheitsschrift*, im Sommersemester dieses Jahres (2010) haben wir es als Kollegen gemeinsam veranstaltet. Das mußte einfach sein, und ich habe es genossen.

Ein spezieller Name blieb noch unerwähnt. Das ist der Name Wolfgang Kubin. Sie werden es nicht glauben, aber dieser bedeutende Sinologe, Staatspreisträger Chinas, ist mir über die pure Lektüre seiner Gedichte in einer Weise verwandt geworden, die zum Köstlichsten gehört, was ich in Bonn erfahren konnte. Einschwingungen sind manchmal sprechender als Worte.

Wo es wirklich spannend wird, tanzt der Geist auf Oberflächen, die eben dadurch, Geist sieht man nicht, als selbstreinigend erscheinen. Wer wüßte das besser als Wilhelm Barthlott. Aber auch die anderen Mitglieder des *Bonner Kränzchens* wie Armin Cremers und Theo Kölzer wissen genau dies: Ein sensibler Tast- und Spürsinn ist in allen Wissenschaften gefragt. Goethe nannte ihn ‚zarte Empirie'.

So war ich auch von der diskreten Raffinesse Bernhard Kortes/Bonn immer fasziniert. Das *Arithmeum* ist zudem ein Meisterwerk seines akademischen Engagements, auch seine Musikreihe *Concerto discreto*, die mit Charme von Ina Prinz kuratiert wird. Sein Erfolg erzeugte leider auch Neid und wo der ist, ist auch in einer Universität etwas faul. Davon können manche ein Lied singen. Ich auch.

Medizin, Tilman Sauerbruch/Bonn, ich sage nur: Diagnose, der Chef-Anästhesist Jörg Tarnow/Düsseldorf, ich sage nur: Sepsis und Skepsis, und Wolfgang Schulz/Düsseldorf, internistischer Freund und Künstler, können es bezeugen, Logik, Biologie, Jurisprudenz, Geschichte, Kunstgeschichte, Pleistozänarchäologie und Ethnologie, Nikolai Grube/Bonn, der ‚König der Maya-Forschung', wie das Magazin *Focus* ihn nannte, er weiß davon, alle diese und andere Disziplinen waren für mich immer stimulierende Felder, in denen sich philosophische Fragestellungen bewähren mußten. Aber eben auch, was in akademischen Kreisen nur wenige wissen, in Arealen

musikalischer, poetischer und bildnerischer Illusions-
künste, übrigens auch in der Magie. Illusion reicht weit,
bis ins Aktiengeschäft. Aber wie suggestiv auch immer,
sie reichte mir dennoch nicht weit genug, also wurde für
mich auch die harte Ökonomie virulent.

Viele meiner besten Freunde gehören in ökonomische
Areale. Ich liebe dank Hartmut Haucke die Technologien
von Schlachthöfen und Filettiermaschinen für Hochsee-
schiffe, früher schon Differentialgetriebe und Hochöfen
und während meiner Zeit in Brasilien 1978 wäre ich tatsächlich fast auf dieses Parkett abgewandert. Die Firma
Mannesmann in Brasilien hatte mich als frisch gebacke-
nen Privatdozenten der Philosophie am Wickel. Die en-
gen akademischen Vorschriften an den Universitäten in
Deutschland haben hier einen Ausflug verhindert.

Ich danke daher allen Unternehmern, Ingenieuren und
managing actors, die heute hier sind, stellvertretend für
alle Javier Gutierrez, Unternehmer und Experte für tief-
kalte Gase, der mich mit Peter Bielicky über abenteuerli-
che Pyrenäen-Pässe auf seine katalanische Art, d. h. hals-
brecherisch, 2008 an das Grab von Walter Benjamin in
Port Bou chauffiert hat, anschließend zum Geburts- und
Sterbeort von Salvador Dalí in Figueres, und seinem Ort
der ersten Begegnung mit Gala: Cadaqués.[282]

Wir hatten mit Til Fischer, ehemals Vorständler von
Simpelkamp/Krefeld und Borsig/Berlin, Gerd Winkler/
Rheinmetall u. a. jahrelang eine kleine Variante von *Da-*
vos zumeist in Spanien veranstaltet mit dem Ergebnis:
Ein intelligenter Kapitalismus ist ohne einen intelligenten

---

[282] Genau auf dieser Fahrt wurde die Idee zu diesem Buch geboren.

Kommunismus nicht zu haben. Leider steht beides noch
aus.

Wahrscheinlich, so mutmaßt der Böhme Peter Bielicky, erst Prag, dann fluchtgedrungen seit 1968 Düsseldorf, Mediziner und als Schüler von Nam June Paik
zugleich Videokünstler, kann das auch gar nicht funk-
tionieren. Die Volatilität der Märkte steht dem entgegen.
Auch die Schwankungen monetärer Wellenbewegungen
gemahnen, Basel I, II, und III hin und her, zur Vorsicht
bei allzu strangulierenden ökonomischen Stabilisierungs-
versuchen. Manfred Neumann/Bonn, Altpräsident der
Akademie der Wissenschaften zu Düsseldorf, wir saßen
2008 mit unterschiedlichen Anliegen (er: Implementie-
rung einer Klasse für Künste in die Akademie der Wissenschaften zu Düsseldorf, ich: Gründung des Internationalen Zentrums für Philosophie NRW an der Universität
Bonn) gemeinsam auf der Zuschauertribüne des Landta-
ges in Düsseldorf, hat das schon immer betont. Konkret,
d. h. bezogen auf den Groß- und Einzelhandel, habe ich
dasselbe von Irmgard und Heiner Münstermann/Düssel-
dorf gelernt, heute vertreten durch ihren Sohn Hendrik.

Mein sehr geschätzter Co-Dozent und Alt-Minister in
Bonn Norbert Blüm eröffnete mir die hierzu gehörigen
politischen Dimensionen. Hier bin ich allerdings Laie geblieben, von gelegentlichen Souveränitätsnotwendigkei-
ten in Ausnahmesituationen der Universitäten, d. h. im
Sinne Carl Schmitts abgesehen.

Das Finale meiner Erwähnungen betrifft aber nicht die
Ökonomie. Es kommt noch schlimmer. Der Beginn meiner Bestrebungen einer philosophischen Verbesserung
von Europa liegt in der Musik. Wie sollte es auch anders
sein?

Die Geburt einer Tragödie, wie mein Fall von speziellen Kollegen eingeschätzt wird, ist immer nur hier zu erwarten. Seit frühen Tagen der Schulzeit am *Görres-Gymnasium* an der Düsseldorfer Königs-Allee war mir und Dirk Joeres, dem späteren Pianisten und Dirigenten des *Royal Philharmonic Orchestra*/London, mit Nietzsche klar: Die Welt ist, wenn überhaupt, nur als ästhetisches Phänomen gerechtfertigt. Der Dirigent Dirk Joeres hat diesem Umstand 2002 anläßlich des Deutschen Kongresses für Philosophie hier in der Aula der Universität konzertant Rechnung getragen. Wer *The Unanswered Question* (1906) von Charles Ives und die *7. Symphonie* von Beethoven so kristallklar und zugleich packend interpretiert, erzeugt hörbare Sinnpräsenzen, die, so unangenehm es mir ist, das zuzugeben, über alles Denkbare hinaus sind.

In der Musik war die Quelle. Können Sie sich vorstellen, daß Dirk Joeres (Pianoforte), meine Person (Querflöte) und Ulrich Lehner (Kontrabaß), der nachmalige Vorstandsvorsitzende der Firma Henkel und heutige Aufsichtsratsvorsitzende der *Telekom* hier in Bonn, seinerzeit musikalisch gemeinsam ein europanützliches Ensemble realisiert haben? Geprobt, aber nicht aufgeführt: Unser musikalisches Happening *Somnium Scipionis* von Cicero. 1965, zur Schulendzeit. Ulrich Lehner hat sich ordnungsgemäß für heute brieflich entschuldigt. Er muß Freund René Obermann, vertreten durch unseren Präsidenten des RC Bonn Christian Patermann, den Rücken freihalten.

Magnifizenzen, liebe Freunde, das war's und es war ein Akt der Dankbarkeit gegenüber dem, was andere besser können als ich. Was ich an drei Universitäten institutionell realisiert, d. h. angerichtet habe, und vor allem, was meine philosophischen Produkte angeht, davon habe ich geschwiegen. Insbesondere die Veröffentlichungen müssen für sich stehen. Wenn sie es tun, zwitschern ihre Zeilen wie Schwalben. Das ist die schönste und zugleich gefährlichste Metapher seit Homers *Odyssee*.

Peter Handke, wie Botho Strauss und Thomas Bernhard Dichter meiner Generation, hatte mich schon 1977 brieflich aus Paris dazu aufgefordert, solche Risiken einzugehen. Dadurch, so schrieb er, wird „Ihr Denken abenteuerlicher als das allgemeine triviale Gekröse, das so erpresserisch wie tyrannisch, so gravitätisch wie nichtssagend ist." (Brief vom 19.12.1977) Dieses Ansinnen, so freundlich es gemeint war, blieb doch, wie sich jeder vorstellen kann, eine schwere Bürde. Es war und ist beim Abenteuer geblieben. Aber *Das Gewicht der Welt* (Handke 1977) zu stemmen, darf sich auch ein Philosoph nicht scheuen.

Allen, die heute hier sind, sei abschließend aus gebündelter Dankbarkeit und zur Vorbereitung einer anstehenden kollektiven Erhebung eine imaginäre Rose dargebracht. ,Erhebung per Rose' deshalb, weil, wie Peter Handke in seinem neuesten Text ,aus der Nacht gesprochen' (2010) bemerkt, jede Rose eine ,vertikale Prozession' ist. Solche Sehanleitungen sind ineins Denkanleitungen, für ein Denken allerdings, das nur in einem *nicht festgelegten Vokabular* möglich ist. Sehen, Denken und Freiheit sind ultimativ eins. Erst hier beginnt Philosophie. Deshalb wird das Denken am Ende, wenn es Glück hat, erhellend, wie Beeh sagt, ,graziös'. Denken ist wie der Ritt Parzivals durch den Winterwald. Auch er mußte sein festlegendes Vokabular, d. h. die Zügel freigeben, um in ,graziöser' Weise den Gral zu finden (IX, 452, 1–12).

Anhang 2

Bilanz
Abschiedsrede vom 22.11.2013

Magnifizenz Fohrmann,
sehr geehrter Herr Kanzler Lutz,
meine Damen und Herren!
Liebe Freunde!

Mein Dank gilt vorab und submissest den Respektsperso-
nen, die als meine Vorredner die Universität Bonn reprä-
sentieren. Ihre Freundlichkeit strahlt nicht nur auf mich,
sondern auf alle hier im Raum ab.

  Wer institutionell das Opfer von Grußworten ist,
kann sich nicht wehren, sollte es gar nicht erst versuchen
und braucht es auch nicht. Die Institution nimmt ihm die
Antwortpflicht ab. Das gilt natürlich auch deshalb, weil
meine akademischen Sünden, so es sie gibt, in den lie-
benswürdigen Grußworten unter dem Teppich gehalten
wurden. Denn auch das verlangt das akademische Genre
der Grußworte. Das verhält sich hier übrigens nicht viel
anders als bei Beerdigungen.

  Womit ich Sie heute ein letztes Mal behelligen möchte,
habe ich ‚Bilanz‘ genannt. Aber was das heißen soll, muß
ich kurz erläutern. Bei den vielen Abschiedsveranstal-
tungen, die ich im Laufe von über vierzig, ja, fast fünfzig
Jahren an drei Universitäten erleben durfte, hatte ich immer den Eindruck, was ich heute auf jeden Fall vermeiden
möchte: Die Bilanzen waren meistens ‚frisiert‘. Warum
und wieso? Die bestellten Laudatoren lieferten regelmä-
ßig Statistiken ab: Wieviel Examina hat der professorale

Abgänger abgehalten, wieviel Doktoranden hat er gehabt, wieviel Habilitationen hat er durchgeführt, wieviel
Bücher hat er geschrieben und herausgegeben, wieviel
Aufsätze in referierten Fachzeitschriften? In wieviel akademischen Akademien und Gremien, möglichst interna-
tionaler Provenienz, hat er mitgewirkt, und neuerdings:
Wieviel Geld an Drittmitteln hat er eingeworben?

Natürlich habe ich auch ganz andere Präsentationen
erlebt, glänzende, aber die Mehrzahl war doch genau dieser Art. Ich hatte immer den Eindruck: Hier wird um den
heißen Brei herumgeredet. Abgesehen davon, daß ich solche numerischen Angaben gar nicht liefern könnte, weil
ich niemals mitgezählt habe. Non modo iudex, sed etiam
philosophus non calculat. Ich kann Ihnen nur versichern:
Es war einfach von allem reichlich. Was aber den eigentlichen heißen Brei angeht, ist er von solchen Zählereien
unberührt.

Was man im Publikum einfach wissen möchte, ist doch
schlechthin bloß dies: Wozu und wieso, so würde der
Preuße Jörg Tarnow fragen, haben wir diesen Kerl mit
unseren Steuergeldern eigentlich finanziert? Wie sieht
hier, d. h. in meinem Fall bei einem Philosophen, eigentlich die Rendite aus? Kurz: Was hat dieser Professor aus
Bonn eigentlich netto erkannt?

Ich werde Sie jetzt also einladen, mit mir einen Spaziergang durch meine philosophische Biographie zu unternehmen. Sie beginnt mit der Geburt, d. h. mit einer
unfreiwilligen Unterbietung der sokratischen Konfessi-
on ‚Ich weiß, daß ich nichts weiß‘. Ich wußte am Anfang
nicht einmal, daß ich nichts weiß. Das ist wenig. Aber es
genügt merkwürdigerweise, um zu starten.

Dann Kindergarten und Schulen in ständig wechseln-
den Biotopen. Schließlich das Gymnasium in Düsseldorf.

Früher Hohenzollern, dann Görres, ganz früher Jesu-
iten-Kolleg mit dem Zögling Harry Heine. An der Kö.
Humanistisch. Damals staatlich. Anfangs alles andere als
ein guter Schüler, später wurde es besser. Während dieser
Zeit bis zum Abitur reifte schon der Plan, Philosophie zu
studieren. Die Lektüre von Parmenides, Platon, Aristoteles, Kant, Fichte, Hegel, Nietzsche, Heidegger und Wittgenstein wurde schon in dieser Zeit angegangen. ‚Angegangen' heißt hier natürlich nicht: Verstehend bewältigt.
Aber vieles fraß sich doch fest. Dann Dienst bei der Ar-
mee, in der Hauptsache beim Heeresmusikkorp 7, Querflöte, ein großer Zapfenstreich nach dem anderen. Seither
blieb mir gar nichts anderes übrig, als die Macht der Liebe
anzubeten. Anschließend Eintritt in den Rosengarten der
deutschen Universität. Zunächst in Münster. Und das war
ein Glücksfall.

Denn hier, wir befinden uns im Jahr 1967, lehrten seinerzeit erlesene Größen wie Friedrich Ohly (germanistische Mediävistik), Joachim Ritter (Philosophie), aber auch
noch Jost Trier (Sprachwissenschaft), Heinrich Lausberg
(Romanistik) Karl Rahner (Theologie) und andere. Alle
habe ich gehört, damals war es noch üblich, querbeet die
Vorlesungen zu besuchen.

Prägend für mich waren Friedrich Ohly und Joachim Ritter. Friedrich Ohly war das, was man heute einen
Bedeutungsforscher nennen würde. Mit der Pranke einer
stupenden Gelehrsamkeit baute er den Kristallpalast allegorischer Auslegungen vom Mittelalter bis in die Neuzeit
nach und ließ hier auch die profane Literatur einziehen.
Unvergessen meine eigene Lektüre des Parzival Wort für
Wort, Vers für Vers, Buch für Buch in einem kleinen Gar-
tenhaus mit Mausuntermieter. Das war in der Nähe des
Münsteraner Schlosses, nachts, in klirrekaltem Winter

mit dem Geheul der Wölfe aus dem nahen Zoo im Ohr.
Mein Freund Winfried Nolting brachte mir bei, wie man
die Kälte mit Münsteraner Korn in Schach hält.

Jedenfalls lernt man in solchen Nächten mehr von
Parzivals Ritt durch den Winterwald als in wohlgewärm-
ten Bibliotheken. Betörend waren die Vorlesungen von
Joachim Ritter zur Geschichte der Ästhetik. Odo Marquard hatte diese Vorlesung schon früher gehört und seine Konversion zur Philosophie eben aus dieser intellektuellen Erfahrung begründet.

Aber es half alles nichts. Im dritten Semester, die
Scheine für ein Staatsexamen hatte ich bereits komplett
erworben, stellte sich mir die Frage, wie und in welche
Richtung soll ich mein Thema für die Philosophie finden?
Ich wußte nur: Irgendwie muß es eine Mischung von
Ohly und Ritter sein. Diese Frage wurde deshalb dringlich, weil Ritter 1969 emeritiert wurde. Da mich die Oh-
ly-Schule, speziell Wolfgang Harms, der einen Ruf nach
Hamburg erhalten hatte, für die germanistische Mediävistik in liebenswürdigster Manier kapern wollte, mußte
ich einfach ausweichen und ging an die Universität München. Das Niveau dort empfand ich damals als Desaster,
von den Germanisten Müller-Seidel und Klaus Kanzog
abgesehen. Anschließend ging es an die neugegründete
Universität Düsseldorf. Grund? Gewiß nicht Attraktivität, sondern: Geldmangel. Trotz Studienstiftung. Meine
zwei Brüder studierten zur selben Zeit wie ich, was soll da
eine arme Witwe, meine Mutter, machen? In Düsseldorf
konnte ich zuhause wohnen und hatte den Vorzug, den
dortigen Philosophen Alwin Diemer schon zu kennen.
Dieser bot mir dann eine Assistentenstelle an, noch bevor
ich irgendein Examen hatte. Mit Sondergenehmigung des
Ministeriums klappte das unter der Auflage, binnen eines

Jahres zu promovieren. Solche Angebote nimmt man mit
24 Jahren unbesehen an, obwohl ich deshalb in der Stati-
stik als Studienabbrecher geführt werde.

Jetzt allerdings begann der Ernst des Lebens. Alsbald
verheiratet mit einer fabelhaften Frau und Vater eines
grandiosen Sohnes, in den folgenden Jahren auch zweier
fulminanter Töchter: Da mußten die Ärmel aufgekrem-
pelt werden. Bloß: was für ein Thema? Es wurde tatsächlich ein Mix aus Friedrich Ohly und Joachim Ritter. Beide waren ja Bedeutungsforscher, der eine in allegorischer
Hinsicht, der andere in historischer. Daraus folgte für
mich: Ein ähnliches Profil müßte sich doch auch in der
systematischen Philosophie bewähren.

Mir war Gottseidank aufgefallen, und wem nichts auf-
fällt, dem fällt auch nichts ein, daß Kant in seinen *Kritiken*
notorisch Hinweise dafür gibt, daß seine Hauptfragen
stets auf eine ‚grundierende‘ Bewährung von Prinzipien
hinausliefen. Und bewähren tun sich Prinzipien immer
nur in gelingender Anwendung. Nur in ihrer Anwendung
erhalten sie, so Kant, *Sinn und Bedeutung*. Das war’s.
Die Promotion fand 1972 statt, die Dissertation erhielt
den Titel: *Kant und das Problem einer transzendentalen
Semantik* und erschien 1974 und wenige Jahre später in
italienischer Übersetzung. Über dieses Buch hatte ich
1974 noch mit Heidegger korrespondiert und er war so
freundlich, ausführlich zu antworten. Natürlich kritisch:
Semantik sei noch nicht Ontologie.

Das übliche Desaster akademischer Biographien folgt
aber erst jetzt: Wie soll es, lieber Jungdoktor der Philosophie, intellektuell weitergehen? Ich wußte nur soviel: Der
Pfad der mir zugänglichen wissenschaftlichen Tugend war
philosophisch betreten. Aber jetzt mußte er ausgebaut
werden, bloß wie? In der Zwischenzeit hatte ich mir vor

allem die logische Bedeutungsforschung im Stile Ludwig Wittgensteins, Rudolf Carnaps und Willard Van Orman Quines angeeignet. Von Carnap stammte der Ausdruck *Bedeutungspostulate*, gemeint waren damit Bedeutungs-festlegungen, die grundlegend sind, wenn wir uns dazu entschließen, in Sinndimensionen wissenschaftliche Theorien zu explizieren. Sie sind also maßgeblich für die semantische Etablierung eines *universe of discourse*. Mit diesem Instrument könnte man es versuchen, die Philoso-phie systematisch tatsächlich ‚grundzulegen‘. Da solche Festlegungen aber nie gänzlich geschichtsfrei getroffen werden, wäre es möglich, die geschichtliche Dynamik mit einzufangen. Bedeutungsfestlegungen gehörten dann zur Archäologie von Diskursen. Das Wort Archäologie war damals nach Edmund Husserl durch Michel Foucault po-pulär geworden und so dachte ich, daß man unproble-matisch an diesen Wortgebrauch anknüpfen könne. Das geschah in meiner Habilitationsschrift *Archäologische Bedeutungspostulate*, erschienen 1977.

Das Buch war prompt ein Flop, davor hatte mich der Verleger des Alber-Verlags Meinolf Wewel auch schon vorher gewarnt: Bestellt wurde das Buch vor allem von Archäologen und natürlich sofort zurückgegeben. Der einzige, der auf die Zusendung dieses Buches positiv rea-gierte, war Peter Handke mit einem freundlichen Brief aus Paris. Das machte Mut.

Tatsache blieb, daß ich mit 30 Jahren habilitiert war und dieser Umstand ist für akademische Karrieren unent-behrlich, so man denn eine anstrebt.

Noch während der Abfassung dieser Arbeit, also zwei Jahre zuvor, mußte ich mir mit 28 Rechenschaft dar-über abgeben, ob ich mein Leben tatsächlich mit so et-was Sprödem wie der Philosophie verbringen wollte. Ich fuhr damals jedes Jahr für einige Wochen auf die Burg meiner Mütter im Altmühltal, in der Nähe von Eichstädt, um dort ungestört arbeiten zu können. Eines Abends, nach den Tagesstunden am Schreibtisch, es war schon spät, setzte ich mich mit einem Glas Bier auf den Altan der Burg und stellte mir die Frage: Ja oder nein? Da stieg urplötzlich der Vollmond durch das Geäst einer riesigen Akazie auf, blinzelte mir zu, und die Frage war entschieden. Kosmisch. So etwas brauchen unentschiedene Rüden, und junge Rüden sind immer unentschieden. Ohne Natur und Kosmos geht bei ihnen nichts.

Nach der Habilitation hat jeder Jungdozent erst einmal das Bedürfnis, wieder Wasser zu ziehen, d. h. die ausgelaugten Hirnareale wieder mit Ideen zu versorgen. Man muß ja auf einmal Vorlesungen halten und wenn man das mit wirklichem Einsatz bewerkstelligen will, und das sollte man, bedeutet das viel Arbeit. In den nächsten Jahren schrieb ich zusätzlich zwei Bücher auf Wunsch der Studenten, eins über die Philosophie des 19. Jahrhunderts, das 1987 erschien, eins über den Neukantianismus, das die Verlage nicht haben wollten, weil sie diese immer noch sehr interessante Denkbewegung für mausetot hielten. Das war leider auch eine negative Erbschaft Heideggers. Heute sieht man das anders.

Die Hauptfrage, die mich seit den ausgehenden siebziger und während der achtziger Jahre des vorigen Jahrhunderts bewegte, war allerdings eine andere. Wenn der eingeschlagene Weg richtig war, dann ergab sich folgendes Problem: Für eine philosophische Bedeutungslehre gibt es einerseits die *Hermeneutik* als Bedeutungslehre des gesprochenen oder geschriebenen Wortes und andererseits die logische *Semantik*, als Bedeutungslehre logischer Beziehungen zwischen Sätzen. Was von beiden Zugängen ignoriert wird, sind Bedeutungsverhältnisse, die sich schon *unterhalb* der Satzebene tummeln.

Der Bedeutungsboden ging in die damaligen Bedeutungslehren nicht mit ein. Als Realist, und als Vater von drei Kindern ist man naturaliter ein solcher, empfindet man das als Mangel. Bedeutungsmedien wie Empfindungen und Gefühle blieben damals jedenfalls außen vor, ja eigentlich alle informellen, subsemantischen Registraturen für Bedeutungsverhältnisse.

Daß es diese gibt und daß sie die Basis sind, war auch für Philosophen eigentlich nie strittig. Worüber sie sich allerdings nie Gedanken gemacht hatten, war die Frage: Gab es nicht schon vor der Hermeneutik eine Lehre des Bedeutungsverstehens, die diesen informellen Registraturen systematisch Rechnung trägt? Dieser Frage ist keiner von den Philosophen nachgegangen. Hier mußte man also Neuland betreten, allerdings mit dem Risiko, in begriffliche Sümpfe zu geraten. Aber ohne ein Eingehen von Risiken geht auch in der Philosophie nichts und es wird einfach nur langweilig.

Nun muß ich hinzufügen, daß ich bereits 1978 eine Gastprofessur in Brasilien wahrnehmen konnte. Schon um diese Zeit schlug ich mich mit solchen Fragen herum und hatte bereits einen Verdacht, wo die Bedeutungslehre des gesuchten Typs zu finden sein könnte. Das war die *Mantik*, d. h. die Lehre von den Deutungsleistungen der Seher, in allen alten Kulturen präsent, aus der abendländischen Antike nur überkommen in einem Text von Cicero (*De divinatione*) und in dem Traumbuch des Artemidor von Daldis. Die Frage war bloß: Ist die Mantik nicht nur abgesunkenes Kulturgut, dem keinerlei Realität mehr entspricht, ein Stück überkommenen Aberglaubens, von dem man besser die Finger lassen sollte?

Aber dann die Erfahrungen in Brasilien. Hier hatte ich Kontakt mit Einheimischen, die mich in die Favelas von Belo Horizonte führten, wo ich in Wellblechgaragen den Kulthandlungen von Macumba, Umbanda, Candomblé beiwohnen konnte. Diese afrobrasilianischen Kulte sind ein Mix aus afrikanischen und katholischen Riten, den die Theologen natürlich nicht mögen. Aber anthropologisch sind sie hochinteressant. In ihnen hat ein uraltes Naturverhältnis überlebt, das im Natürlichen Dämonisches oder Göttliches wohnen läßt, das uns Fingerzeige gibt. Genau das war seinerzeit die Basis der Mantik auch als Bedeutungslehre der antiken Seher. Aus *internen* Resonanzen und *externen* Zeichen entnahmen sie Hinweise für das, was ist, was war und das, was sein wird, seit Homer bis zur Diagnose der Ärze noch heute. In Brasilien wurde mir auf einmal klar, daß eine solche Deutungssensibilität auch heute noch in uns steckt.

Wenn Sie sich in einen dunklen Keller begeben, erhalten alle Geräusche für Sie eine ungewöhnliche Bedeutungsaura, die sehr aufschlußreich sein kann, z. B. dafür, daß sich dort jemand im Dunkeln versteckt, der Ihnen gleich an den Kragen will. Oder sie verhandeln bei hellstem Licht in geschäftlichen Dingen. Sie lesen in der Miene des Verhandlungspartners und ahnen, daß er sie über den Tisch ziehen will. Keine unnütze Wahrnehmung. Auch sie gehört zur Mantik. Man nannte sie: *Divinatio ex facie hominum.* Auch die Natur gibt uns noch heute Zeichen, die uns nicht Wahrnehmbares erschließen lassen. Jäger machen heute noch davon Gebrauch, wenn sie auf den Schrei des Eichelhähers achten oder Spuren von Wild ‚lesen‘. Alles Mantik, noch vor Hermeneutik und Semantik.

Schon für Platon war allerdings die gewerbsmäßige Mantik seiner Zeit ein ebenso abergläubisches Getue wie heute die gewerbsmäßige Astrologie in der Regenbogenpresse. Man muß also sehr tief in die Geschichte der Menschen und Kulturen hinabsteigen, um den genuinen Sinn der Mantik als situationserschließende Bedeutungslehre aufzuspüren.

1978/79 hielt ich die erste Vorlesung über Mantik an der Universität Düsseldorf, 1992 erschien mein Buch *Metaphysik und Mantik* bei Suhrkamp. Die 2. verbesserte Auflage dieses Buches ist vor kurzem im Akademie Verlag erschienen. Nach der Ankündigung dieser Vorlesung im Vorlesungsverzeichnis der Universität Düsseldorf 1978, schlicht unter dem Titel ‚Mantik‘ (zweistündig), wurde ich prompt von Alwin Diemer zitiert, der mich rügend fragte, ob ich die Absicht habe, den Okkultismus in die Philosophie einzuführen. Ich erklärte ihm das Projekt bei einer Flasche Whisky. Er verstand und wurde anschließend glasigen Auges selber zum Seher.

Mit diesem Griff in die Tiefen des Bedeutungsverstehens hatte ich Voraussetzungen erreicht, die Allegorese und Geschichtsdeutung erst möglich machen. Auf einer Tagung zu Ehren von Friedrich Ohly 1989 in der Klosterabtei Gerleve konnte ich die Ergebnisse dieser Forschungen vortragen und er war einigermaßen verblüfft: Mantik als Erblasserin der Allegorese. Damit hatten weder er noch seine Schüler gerechnet.

Mit dieser Grundlegung aus der Tiefe des Raumes haben sich übrigens später viele angefreundet und facettenreiche Erträge erwirtschaftet: Uwe Baumann als Anglist, Stefan Maul als Altorientalist, Kai Trampedach als Gräzist, Therese Fögen als Rechtshistorikerin, später in Bonn auch der Maya-Forscher Nikolai Grube u. a. Hier

in Bonn habe ich 2004 auch eine Tagung über dieses The-
ma durchgeführt und viele haben zu dem Gelingen der-
selben beigetragen, aus allen Disziplinen, aus Bonn u. a.
Joachim Bromand, Guido Kreis, aber auch Frank-Lothar
Hossfeld, Otto Zwierlein, Matthias Becher und Marc
Laureys.

Wenn man auf diesem Bedeutungsboden steht, ergeben sich vielfältige Ausblicke nach oben. Die ganze Palet-
te informeller Bedeutungsregistraturen stand mir als For-
schungsgebiet jetzt offen. In allen Lebensgefühlen lassen
sich ja spezielle Formen eines basalen Bedeutungsverstehens destillieren. Ich brauchte daher nicht mehr solche
Konstruktionen wie Heideggers Existenziale als Grund-
formen des Existierens. Gegenüber den satten Bedeu-
tungserfahrungen sui generis wie Schwermut, Sehnsucht
und Ahnung blieben Heideggers Existenziale einfach
blaß und künstlich. Die Hermeneutik im Stile Gadamers
konnte solche Primärbedeutungen nur über den Umweg
ihrer Versprachlichung erreichen, die formale Semantik
der Logiker mußte sie aus phänomenologischer Impo-
tenz einfach ignorieren. Über solche Gegenstände habe
ich daher geforscht und publiziert. Inzwischen nach Jena
berufen, erfuhr diese Ausrichtung bei mir eine Stütze
durch erneute Lektüre von Fichte, Schelling, Hegel und
Hölderlin. Die Resultate gingen in das Buch *Ahnung und
Erkenntnis* ein, das 1996 bei Suhrkamp erschien. Da war
ich schon auf dem Weg nach Bonn.

Hier muß ich eine kleine Bemerkung zu den institu-
tionellen Verpflichtungen einschieben. Professoren treten
an Universitäten in eine Institution ein, die selbstverwal-
tenden Charakter hat. Daraus fließen Pflichten, denen sie
sich nicht zu entziehen haben. Studienordnungen, Be-
treuungsverpflichtungen, Gremienarbeit in Institutsräten,

Fakultäten, Kommissionen und gegebenenfalls im Senat einer Universität wollen besucht und konstruktiv begleitet sein. Das ist nicht immer lustig. Vor allem dann nicht, wenn man auch Ämter übernimmt, sei es als geschäftsführender Direktor eines Instituts, sei es als Prodekan oder Dekan einer Fakultät, sei es als Senator einer Universität. Dazu kommen Verpflichtungen im außeruniversitären Bereich, als Mitglied von Akademien, wenn man denn berufen wird, von Fachgesellschaften, gegebenenfalls als deren Präsident. Alles das raubt Zeit, ist aber notwendig, wenn man die Universität als ein selbstverwaltetes Organ bejaht. Und das habe ich als Schüler von Joachim Ritter immer getan, der stets auf die Notwendigkeit hinwies, Formen des objektiven Geistes mitzutragen, sonst gäbe es ihn nämlich nicht. Wer von Hegel auch nur ein bißchen verstanden hat, darf sich diesem Dienst am *bonum commune* nicht entziehen. Also habe ich schon 1981 an der Universität Düsseldorf die Geschäftsführung des Instituts übernommen, war dort dann später Prodekan und Dekan. Hierzu könnte ich viel erzählen, vor allem was die Namengebung der Universität Düsseldorf in Heinrich Heine-Universität angeht. Ohne meinen damaligen Co-Dekan der medizinischen Fakultät Peter Pfitzer, und ohne das Erpressungsmaterial, das ich von dem Historiker Peter Hüttenberger erhalten hatte, wäre die Namengebung nicht möglich gewesen.

In Jena war es dann 1992 sehr dringlich, sofort wieder das Dekanat zu übernehmen, da die Fakultät, wendebedingt auf Null gefahren, komplett neu aufgebaut werden mußte. Seither hatte ich übrigens keinerlei Interesse mehr an Studienordnungen, da damals in Jena neben den entsprechenden Berufungen approximativ 30 Fächer neu etabliert werden mußten. In Bonn, sofort wieder und dann für mehr als ein halbes Jahrzehnt Geschäftsführer des Instituts, galt es, die drei separaten philosophischen Institute zu vereinigen, was 1997 auch gelang. Ohne Kollegen Honnefelder wäre das auch nicht möglich gewesen. Man braucht einfach Kombattanten unter den Besten. Übrigens war diese Fusion damals gerade rechtzeitig geplant, um das anstehende ‚Streichkonzert' an Stellen in der philosophischen Fakultät halbwegs ungeschoren zu überstehen. Auch hier hat wie so häufig die Verwaltung und das Rektorat der Universität geholfen.

Apropos Verwaltung: Viele Professoren rühmen sich darin, für eine in Universitäten unbedingt erforderliche Verwaltung nur Mißachtung haben zu dürfen. Hier bin ich komplett anderer Meinung: Es gibt für eine Universität, abgesehen von florierenden Wissenschaften, nichts Kostbareres als eine gute Verwaltung. Ich hatte das Glück in Düsseldorf mit dem exzellenten Kanzler Ulf Pallme-König, in Jena mit dem exzellenten Kanzler Klaus Kübel und in Bonn mit dem ebenso exzellenten Kanzler Reinhardt Lutz zusammenarbeiten zu dürfen. Nur so geht es, aber dann kann viel gelingen, sofern einen Kollegen nicht stören.

Während meiner Bonner Zeit hatte ich neben jährlich organisierten internationalen Konferenzen mit Frankreich, Italien, vor allem Polen, Ungarn, Griechenland und Rußland, 1998–2002 die Präsidentschaft der Deutschen Gesellschaft für Philosophie zu tragen und 2002 den großen deutschen Kongreß zu organisieren. Thema: *Grenzen und Grenzüberschreitungen.* Obwohl das für alle Präsidenten eine Mammut-Aufgabe darstellt, habe ich nur sehr gute Erinnerungen an diese Zeit, vor allem an die glänzende Zusammenarbeit mit Assistenten, Studenten und Sekretärinnen, die die Organisation unterstützten. Unvergessen das

Konzert der Westdeutschen Sinfonia unter der Stabfüh-
rung von Dirk Joeres in der großen Aula mit Charles Ives
Unanswered Question und am Schluß mit Beethovens *7.
Symphonie*. Als anschließend im Uni-Club der A-capella-
Chor *Die Waschkraft* auftrat, freuten sich die jungen Teil-
nehmer des Kongresses und die alten schmollten. Aber wer
schmollt, hat schon verloren. 2008 habe ich das Internatio-
nale Zentrum für Philosophie NRW an der Universität mit
Herbeiführung eines Landtagsbeschlusses von NRW und
des Senats der Universität gegründet. Auch hier schmollten einige, aber wie immer genau die, die institutionell ohnehin nichts zuwege bringen.

Aber zurück zur Wissenschaft. In Bonn ereignete sich
bei mir ein *switch* in der Wahrnehmung des philosophischen Programms. Wer in die informellen Tiefen der Bedeutungslehre hinabgestiegen ist, dem kann nicht verborgen bleiben, daß dort das Wissen schwach und schwächer
wird, *nicht* jedoch die welterschließende Sensibilität. Am
Schluß bleiben nur noch Ahnungen, Vermutungen und
schwache Hypothesen wie Einfälle, Ideen, die kommen
oder auch nicht, kurz: ein Gespür für Bedeutungsverhältnisse fragiler Art, für jeden *flash of meaning*, der jedoch
kontexterschließend ist Damit drängt sich die Vermutung
auf, daß die Philosophie bislang ihre Triumphgesänge in
der Erkenntnistheorie darauf stützte, daß Wissen das einzige relevante Thema sei, denn es beherrschte die Szene in
den Wissenschaften. Folglich wurde seit Platon diskutiert,
ob es garantierende Kriterien für Wissen gibt und welche
das sein könnten. Diese Frage wurde in den achtziger Jahren des vorigen Jahrhunderts erneut aufgegriffen, als ein
junger Philosoph in den USA darauf hinwies, daß es auch
zu den besten Kriterien für Wissen immer Gegenbeispiele
gibt, die den Kriterien zwar genügen, aber dennoch im

üblichen Sinn nicht als Wissen anerkannt werden können. Dieses Ergebnis war zunächst verblüffend, wurde
aber umgehend durch Nicholas Rescher gelöst, indem
er darauf hinwies, daß man nicht *garantierende* und *au-*
torisierende Kriterien verwechseln dürfe, und für Wis-
sensansprüche genügen autorisierende. Warum übrigens
bis heute diese Gurke konstant weiter diskutiert wurde,
ist rätselhaft. Vermutlich, wie leider in vielen Fällen in der
Philosophie, weil den Standesvertretern sonst nichts einfällt. Nichtkreativität erzeugt langfristige Problemdebat-
ten mit äußerst spärlicher Rendite.

Nicht so in Bonn. Mir fiel nämlich auf, daß der Anteil
des Nichtwissens an fragilen Formen des Bedeutungsverstehens wie Ahnen, Vermuten, ein-Gespür-für-etwas-
Haben etc. nicht als Defizit angesprochen werden darf,
sondern als das Offenhalten für das, was sich zeigt. Die
Anerkennung eines notwendigen Nichtwissens war geboren. Das bedeutet: Wir sind in unserer durchschnittlichen Weltstellung ohnehin immer in Situationen hineingestellt, die vor allem durch Nichtwissen geprägt sind
und ihre Eigenart gerade daraus gewinnen, daß die Se-
kurität eines Wissens ausbleibt. Selbst da, wo wir in den
Wissenschaften bestes Wissen erlangen, werden wir seit
Popper kaum bestreiten, daß es nur hypothetisch, d. h.
auf Zeit sicher ist. Diese Aufwertung des Nichtwissens
hat auch Konsequenzen für das Bild des Menschen insgesamt. Er kann zwar froh sein, wenn er Wissen erlangt,
aber er muß sich auch damit zufrieden geben, daß er dennoch immer in einer Corona von Nichtwissen verbleibt.
Diese *Um*drehung der ursprünglichen Bedeutungslehre
in eine negative Erkenntnistheorie habe ich in dem Buch
Echo des Nichtwissens, 2006 im Akademie-Verlag/Berlin
erschienen, publiziert.

Damit ergab sich die Notwendigkeit, den Anteil des Nichtwissens in unser Bild vom Menschen positiv zu integrieren. Das heißt: Wir müssen seinen Wissensstolz verabschieden. Rationalität gibt es ja nur, weil jedes Erkennen zunächst eine offene Struktur hat, d. h. für Nichtwissen sensibel ist. Bei Eriugena, diesem irischen Ausnahmedenker der Karolingerzeit, auf den mich Jens Halfwassen hingewiesen hatte, weiß selbst Gott nicht, was er ist. Er hat es allerdings auch nicht nötig, sofern er nur mit sich bekannt bleibt. Das ist bei Menschen nicht anders.

Aus solchen Überlegungen ergab sich zwanglos die Einsicht in eine Form, in der uns vor Ort ein Ganzes ohne Wissen zugänglich ist. Das heißt: Wir müssen zugeben, daß in die Struktur unserer erkennenden Energie a priori eine noch nicht von Wissen angereicherte Form einer Gewahrung eines Ganzen, in dem wir existieren, verankert ist. Wir leben vor Ort, aber doch immer auch in einem Ganzen. Und das ist uns präsent, selbst wenn wir davon nur eine diffuse Vorstellung haben. Schleiermacher sprach hier deshalb von einem Gefühl oder Instinkt für das Universum. Ich nenne es das Szenische. In dieses Szenische werden wir hineingeboren, um uns vor Ort finden zu können. Solche Überlegungen führten auf einen neuen Weg der philosophischen Forschung, der auch anderen Denkern spürbar, aber letztlich verborgen geblieben ist. Natürlich kommt man nach der Subtraktion des Wissens am Ende an das Leben heran, wie es uns schließlich nur noch kontemplativ präsent ist, wie schon Emil Lask erkannte. Solche Überlegungen publizierte ich in dem Buch *Riskante Lebensnähe. Die szenische Existenz des Menschen* im Akademie Verlag 2009, englisch 2011. Hier zeichnet sich das Design einer *Metaphysik von unten* ab, einer Metaphysik nicht als Überbau, sondern als Unterbau.

Die Frage blieb nur: Woher wissen wir das alles? Nicht
von Expeditionen in ferne Länder, nicht von Expeditionen ins Reich entlegener Natur, nicht aus dem Labor,
nicht aus mathematischen Berechnungen, nicht aus che-
mischen Analysen, sondern einzig und allein aus einer
konsequenten Explikation dessen, was in uns selbst als
rationalen Wesen, in der Architektur unserer Rationalität
schon implizit vorhanden ist. Hier ergibt sich auch der
Methodenbegriff der Philosophie selbst. Sie hat gar keine andere Möglichkeit, als sich um Explikation des schon
Impliziten zu kümmern. Wen sollte sie sonst konsultie-
ren als uns selbst? Eine wichtige Einsicht war hier, daß
Menschen nicht in erster Linie als physikalisch charak-
terisierbare Lebewesen existieren, sondern tatsächlich als
Erinnerungsexistenzen ihrer selbst. Wir leben, und das
wußte schon Platon, als *anamnetische* Wesen, als Selbst-
erinnerte. Das ist schwer zu verstehen. Was wir brauchen,
ist so etwas wie eine individuelle Erinnerungskonstante,
ohne die wir, wie Kant einmal so plastisch erläutert, bloß
ein „vielfärbiges verschiedenes Selbst"[283] hätten, das eines Reglements seiner Wahrnehmungsfortsetzung nicht
fähig wäre, d. h. keine Begriffe bilden könnte. Das wäre
unschön. Da wir das aber offenbar können, sollte jene
schwer verständliche Selbsterinnerung als eine Basis der
Rationalität des *homo sapiens* angesehen werden. Damit ist aber zugleich die Gefahr gegeben, daß sich der
Mensch selbst vergessen kann. Wir sagen schon umgangs-
sprachlich, wenn wir jemanden für sein Verhalten rügen:
Er hat sich selbst vergessen, er wußte nicht mehr, was er
tut. Das gibt es Gottseidank nur individuell. Schlimm
wäre es, wenn sich der Mensch kollektiv in dem, was er

---

[283] *KrV* B 134.

als Selbsterinnerter ist, vergäße. Dann müsste man von Geistvergessenheit sprechen. Solchen sinistren Gedanken bin ich in einem weiteren Buch nachgegangen, das 2013, also in diesem Jahr unter dem Titel *Der implizite Mensch* wieder im Akademie-Verlag erschienen ist.

Man merkt, der Weg verzweigt sich. Ethik, Anthropologie und Erkenntnistheorie fließen in der Entwicklung des Denkens zusammen. Das ist aber kein Abweg, sondern die Vollstreckung Kants, dessen letzte Frage der Philosophie lautet: Was ist der Mensch? Damit ist die Aufgabe vorgezeichnet, der impliziten Struktur des Menschen in einem ausgreifenden Sinne nachzugehen, so ausgreifend, daß sie durch nichts mehr zu hintergehen ist. Das ganze Projekt läuft, wie gesagt, auf eine Metaphysik von unten zu. Was heißt das? Was uns als Menschen von der Physis trennt, ist ja nicht viel, bildlich gesprochen nur der Teppich zwischen Fußsohle und Boden. Aber das ist mit Stefan George der *Teppich des Lebens*.

Um das verständlich zu machen, muß ich Sie zu einem Spaziergang an der Hand von Thomas Hobbes einladen. Sie sehen aus großer Ferne einen Punkt. Sie können zunächst nur vermuten, daß es sich um irgendein körperartiges Gebilde handelt. Sie gehen näher heran und bemerken, daß es offenbar beweglich ist, Sie gehen noch näher heran und stellen fest, daß es sich sogar *selbst* bewegt. Wenn noch näher, können Sie feststellen, daß das anfängliche Ding sogar selbstkontrolliert reagiert, schließlich, daß es sich begründet verhält, ja, daß Sie es mit einem homo sapiens zu tun haben. Dann wissen Sie zwar immer noch nicht, wie er sich fühlt, welche Stimmungen er hat, ob er zuversichtlich oder traurig ist. Denn dazu müßten Sie sich eine Weile bei ihm aufhalten. Wenn Sie noch mehr von ihm wissen wollen, müßten Sie sich mit

ihm unterhalten, mit ihm gemeinsam nachdenken, nicht
mehr nur, um *ihn* kennenzulernen, sondern Sie *sich* auch
selbst. Dann verschwindet das, was Sie anfänglich wahr-
genommen hatten, der Körper und seine Äußerlichkeit.
Sie dringen in Strukturen ein, die *zugleich* die Ihrigen
sind. Schließlich landen Sie da, wo Sie mit dem Objekt
ihrer Forschung verschmelzen: *Was es war, sind Sie.*

Diese Tour ist das Äußerste, was die Philosophie bewerkstelligen kann. Sie dringt dann über alle Fußboden-
Realitäten in eine Überrealität vor, um nicht zu sagen: in
eine Surrealität, die wirksam, aber nur noch dem Denken zugänglich ist, ja das Denken als Dimension letztlich selbst a primis fundamentis. Genau das ist eben der
Teppich, auf dem wir stehen. Dieser Expedition habe ich
mein letztes Buch gewidmet unter dem Titel *Philosophi-*
scher Surrealismus, das im kommenden Jahr wieder im
Akademie Verlag erscheinen wird.

Meine Damen und Herren, damit ist meine akademische Tätigkeit beendet. 46 Jahre im Dienste der Universität sind auch genug und die Ernte müssen andere bewerten. Vieles habe ich ausgelassen, meine Beschäftigung mit
der Kunst des 20. Jahrhunderts komplett.

Gezeigt wurde hier, daß bis zur Moderne um 1900 in
einem durchaus vagen Sinn das Schöne das Rätselhafte do-
minierte, daß hingegen seither in der Moderne das Rätselhafte das Schöne versklavt.

Nichts habe ich über meine Bücher und Etüden zu
Schelling gesagt. Gelernt habe ich von ihm die Einsicht in
eine Priorität des Nichtwissens, ohne die es kein bewuß-
tes Selbst, ja keinen Gott geben könnte. Alles rätselhaft.

Man muß gerade am Ende nicht alles sagen. Wer eine
unschickliche Vollständigkeit anstrebt, beginnt zu lang-
weilen. So fällt mir allerdings noch ein, was ich in meiner

Bonner Zeit versäumt habe. Ich wollte eigentlich immer
ein Seminar mit Prorektor Armin Cremers, dem Informatiker und Philosophen, über Kompressionsalgorith-
men von Informationen durchführen. Die Frage wäre
in etwa: Wieviel Informationen kann ich weglassen, um
eine Botschaft dennoch, wie man salopp sagt, 'rüberzu-
bringen? Wie sind Winke mögliche? Was aber hinter allem dennoch aussteht, ist final noch die philosophische
Ortsbeschreibung, wo wir leben und denken. Eine ehr-
liche Antwort auf diese Frage fällt uns in Deutschland
schwer, aber zugleich, eben deshalb aus einer angebore-
nen Schwerbegabung, zugleich auch leicht.

Wir leben und denken historisch von Beginn an, d. h.
seit der Römer Tacitus die Germanen überhaupt bemerk-
te, in einer diffusen Gegend, die man, um einen genialen
Titel von Ulrich Raulff zu verwenden, nur als einen Kreis
ohne Meister[284] bezeichnen kann. Das war von Beginn an
bis heute das deutsche Problem schlechthin: Wo ist der
Meister geblieben? Das war und ist die Frage bis heute.
Anfänglich und bis zu Beginn der Moderne war der Meister von Friedrich I., genannt Barbarossa, bis Wilhelm I.,
in Form einer Bergentrückung in die Tiefen des Kyffhäu-
ser gebannt, mit wachsendem Bart. Dieser, wenn zum
dritten Mal um den Steintisch gewachsen, bedeute das
Ende der Welt. Da hätten die Deutschen ihren Meister
belassen sollen.

Aber schon im 19. Jahrhundert gab es selbst ernann-
te Meister, einer von ihnen war Karl Marx. Seine sich
selbst krönende theoretische Vermessenheit wurde von
Volker Gerhardt in die treffende Formel gebracht, dass

---

[284] Cf. Ulrich Raulff, *Kreis ohne Meister. Stefan Georges Nach-
leben*, München 2009.

wir im Marxismus „*das theoretische Gegenstück des Bonapartismus*"[285] zu sehen haben.

Philosophen sollten sich in der Tat nicht übernehmen, selbst wenn es ihnen schwer fällt. Auch die Gedankenarbeit bleibt, wie Andreas Kablitz sagt, eine Kunst des Möglichen. Am Ende war ja der gesuchte Meister mit Paul Celan nicht mehr bloß Barbarossa oder Marx, sondern mit Hitler schlechthin der Tod, auch er ‚ein Meister aus Deutschland'.

Kein Professor erfindet die Universität neu, aber er kann in seiner Zeit Neues finden. Einiges von dem, was mir aufgegangen ist, habe ich dargestellt, ich hoffe, es war das Geld wert, das der Staat, d. h. Sie alle, in mich investiert haben. Entscheiden werden darüber die Studenten, die ich unterrichtet habe. Übrigens gerne, bis zur Einführung der modularisierten Studiengänge.

Ich wünsche der Universität Bonn alles Gute, d. h. gute Köpfe, die neue Ideen an dieser Alma mater ersinnen werden. Und ich bin überzeugt, daß es solche geben wird. Einige sind schon da, so Markus Gabriel aus New York und Michael Forster aus Chicago: alles erdenklich Gute! Consummatum est.

---

[285] Volker Gerhardt, *Die Asche des Marxismus. Über das Verhältnis von Marxismus und Philosophie*, in: Volker Gerhardt (ed.), *Marxismus. Versuch einer Bilanz*, Magdeburg 2001, pp. 339-376, hier p. 371.

Personenverzeichnis

Gabriel, Markus 9, 20, 44,
48 sq., 111 sqq., 149, 175
Gaudí, Antoni 73
Gehlen, Arnold 30 sq., 40,
42 sq.
George, Stefan 172
Gephart, Werner 147
Gerhardt, Volker 174 sq.
Gethmann, Carl Friedrich 45
Gethmann-Siefert, Annema-
rie 144
Gigon, Olof 52
Glaserfeld, Ernst von 71
Goethe, Johann Wolfgang
von 52, 54, 81, 123 sq.,
128 sq., 131, 144, 150
Goldstein, David 116
Goldstein, Jürgen 149
Gorsen, Peter 82 sq.
Grube, Nikolai 150, 164
Grünkorn, Gertrud 14
Guattari, Félix 66
Guggenheim, Peggy 69
Gumbrecht, Hans Ulrich 65
Gutierrez, Javier 151

Halfwassen, Jens 14, 26 sq.,
106, 111, 149, 170
Hampe, Karl 73
Hampe, Michael 31
Handke, Peter 154, 160
Harms, Wolfgang 145, 158
Harrer, Sebastian 37
Haucke, Hartmut 151
Haugeland, John 17
Hegel, Georg Wilhelm Fried-
rich 12, 16, 21, 28 sq., 31,
49, 54–58, 59, 111, 124,
131, 157, 165 sq.
Heidegger, Martin 39 sq., 45,
65, 124, 157, 159, 161, 165
Heine, Heinrich 18, 157
Heinrich von Gent 19
Heisenberg, Werner 66
Herder, Johann Gottfried 40
Hitler, Adolf 84, 175
Hobbes, Thomas 15–23, 32,
78, 172
Hobsbawm, Eric 86
Hoffmann, Thomas Sören 149
Hogrebe, Wolfram 22 sq., 33,
40, 47, 56 sq., 66, 71, 118,
120, 126, 133, 136
Hölderlin, Friedrich 118, 165
Homer 49, 53, 154, 163
Honnefelder, Ludger 143, 167
Hörisch, Jochen 147
Hossfeld, Frank-Lothar 165
Husserl, Edmund 124, 129, 160
Hüttenberger, Peter 166

Ives, Charles 153, 168

Jacobi, Friedrich Heinrich
28 sq., 58, 97, 148
Jamme, Christoph 118
Janco, Marcel 68, 71
Janet, Pierre 63
Janich, Peter 144
Jeffrey, Richard 147
Joeres, Dirk 153, 168
Joyce, James 111, 114

Kablitz, Andreas 66 sq., 175

www.ingramcontent.com/pod-product-compliance
Lightning Source LLC
Chambersburg PA
CBHW031939090426
42811CB00002B/234